**우리는
차별하기
위해
태어났다**

HITO WA "IJIME" O YAMERARENAI
by Nobuko NAKANO

ⓒ 2017 Nobuko NAKANO
All rights reserved.
Original Japanese edition published by SHOGAKUKAN.
Korean translation rights arranged with SHOGAKUKAN
through THE SAKAI AGENCY and BC AGENCY.

ヒトはいじめをやめられない

우리는 차별하기 위해 태어났다

차별과 혐오를
즐기는 것은
인간의 본성인가?

나카노 노부코 지음 · 김해용 옮김 · 오찬호 해제

동양북스

일러두기

1. 괄호 안에 들어 있는 주 내용 중 옮긴이라는 표기가 없는 것은 원서에 달려 있는 주입니다.
2. 참고 문헌 중 국내에 번역서가 나와 있는 경우에는 번역서의 이름으로 표기했으며 원문으로 표기된 경우에는 아직 번역 출간되지 않은 것입니다.

———

다른 사람의 처지를 생각할 줄 모르는 생각의 무능은
말하기의 무능을 낳고 행동의 무능을 낳는다.

_한나 아렌트

———

단결할수록 차별한다!

오찬호
「우리는 차별에 찬성합니다」 저자

'우리(we)'라는 '우리(cage)'에 갇힌 사람들의 민낯

수년간 집단 따돌림을 당하며 학창 시절을 보낸 후 대학생이 된 아무개를 만났다. 세월 덕택에 폭력의 상흔에서 조금씩 벗어나 당시 상황을 입체적으로 바라보게 된 그는 더 이상 자신에게 문제가 있다면서 자책하지 않았다. 폭력의 사회구조적 원인을 짚어보기 위해 인터뷰를 요청한 내게 피해자는 자신이 어디에도 도움을 청할 수 없었던 처지를 이렇게 말했다.

"주변의 방관이 무척 힘들었죠. 그것은 조직적이었고

그래서 더 악랄했지만 우스운 건 그럴수록 가해자가 은폐되는 효과가 있더라고요. 내가 겪는 고통 자체가 부정당하니 어디에 구조 요청을 할 수도 없었죠."

단순히 모른 척을 했다는 수준이 아니었다. 모른 척이란 상황은 객관적으로 존재하지만 이를 애써 외면한다는 뜻 아닌가. 그의 말은 차별이란 역설적으로 '차별은 없다'는 확신을 가진 이들이 많은 곳에서 발생한다는 걸 뜻했다. 담임 교사부터가 그랬다. 교사는 자신이 맡은 학급에는 왕따 현상 같은 게 존재할 리 없다고 확신하는 자였다. 모든 학생들을 잘 살펴서가 아니라 그런 사건 때문에 자신에게 피해가 오는 걸 극도로 경계했기 때문이다. 시험 성적은 물론이고 체육 대회에서도 자기 반이 우승해야 한다고 다그칠 정도로 경쟁심과 승부욕이 가득했다. 그러니 집단 폭력의 조짐이 발생해도 해결책을 찾는 것이 아니라 외부에 알려져서는 안 된다고 학생들을 협박했다. 교사는 여러 명의 가해자에게 잘못을 꾸짖는 상식을 포기하고, 한 명의 피해자에게 학급의 '일치단결'을 위하자면서 태도를 좀 개선하라고 요구했다. 피해자가 체념하는 것이 왜 '화합'인지는 설명하지 않았다.

잘못한 게 있어야지 변화라도 시도해보는 것 아닌가. 단지 행동이 느리고 책만 읽는 아무개는 몸가짐을 어떻게 달리 해야 할지 몰랐다. 공부라도 잘하면 쉽게 상황이 종료됐겠지만 시험 기간에도 책만 읽는 그의 성적은 좋지 않았다. 하지만 아는 건 많았다. 그리고 아는 것이 많은 게 문제였다. 그가 수업 중에 유식함을 슬쩍 드러내는 것이 다른 사람의 눈에는 '공부도 못하는 주제에 잘난 척하는 꼴'로 보였기 때문이다. 그때부터 유무형의 여러 린치가 시작됐다. 그러니 담임이 원하는 연대 가득해 보이는 공동체라는 그림에 그는 쉽게 동화되지 못했다. 나쁜 놈이 눈앞에 있는데 어찌 손을 잡으랴. 물론 돌아오는 부메랑은 혹독했다. 말로만 협력이 나부끼는 곳에서 단체의 가치를 거부한 개인은 "역시나 인간이 덜된 놈"이라는 비아냥거림과 함께 더 많은 폭력에 노출돼야 했다.

스스로 카리스마가 있다고 착각하는 교사의 눈에 차별의 근본적 원인이 보일 리 없었다. 오히려 자신이 설계한 큰 그림에 괜한 방해꾼이 등장했다고 여겨 약자를 보듬어주기는커녕 책임을 물었다. 황망한 피해자는 졸지에 괴롭힘당해 마땅한 사람이 되었고 사람들은 그를 스스로 변하지 않는 나태한 자, 학급의 단결을 깨는 염치없는 인간으로 묘사했다. '우리는 하나다!'를 급훈으로 정하고 이를 매일 아침마다 세 번씩 외치도록 하는 담임이 만들어놓은 사회에서 다른 구성원들이 적응을 잘할수록 한 인간의 존엄성은 파괴되고 있었다. '우리(we)'라는 구호가 빈번하게 들리는 '우리(cage)' 안을 살아가는 사람들의 민낯은, 이처럼 처참하다. 그곳에서는 향사회적일수록 반사회적인 행동을 할 가능성이 높다.

살아남기 위해 차별에 능숙해진 한국인들

"단결이 차별을 만든다."

이 멋진 문장이 『우리는 차별하기 위해 태어났다』에 있다. 차별의 성향을 뇌 과학의 관점에서 설명한다는 말에 처음에는 걱정이 앞섰다. 사람의 비열한 모습을 과학적으로 증명하면 가해자에게 면죄부를 주는 꼴 아닌가,

자칫 "원래 사람은 그런 존재이니 어쩔 수 없어"라는 냉소를 조장하지는 않을까 하는 우려는, 차별이 싫으면 단결을 강요 말라는 저 문장을 읽으며 사라졌다. 저자 나카노 노부코는 차별하는 인간의 뇌를 설명하면서도 그 차별이 쉽게 나타나는 사회 배경이 무엇인지를 정확히 짚는다.

노부코는 '세상 모든 인간은 다 마찬가지다'를 말하는 것이 아니라 왜 일본에서 그런 사람이 더 많은지를 설명한다. 당연히 한국의 독자라면 우리는 왜 일본의 경우와 흡사한지, 어떤 면에서는 더 지독한지를 생각해야 한다. 인간이 차별하기 위해서 태어났다는 것은 본성을 인정하자는 말이 아니다. 그 본성이 발휘되는 게 나라마다 천지 차이라는 것은 우리가 어떤 문화를 만드는지에 따라 차별을 얼마든지 억제할 수 있다는 걸 뜻한다.

인간은 누군가와 친해지고 싶은 만큼 누군가를 배제하려 한다. 그런데 한국인들은 유독 인간관계를 중요하게 생각하니 그만큼 차별에 둔감한 것은 당연하다. 타인과 좋은 사이를 유지하고 싶은 욕망은 한국인들의 타고

난 기질일까? 지금껏 이런 모습을 정(情)의 문화라면서 포장했지만 이는 맺고 끊음을 잘하지 못한다는 말이다. 즉 이성적으로 판단하지 않는다는 것이다. 인맥이 모든 것보다 우선이라는 사회의 속살을 살펴보면 공정한 절차가 없는 경우가 많다. 받은 게 있으니 해줘야 하고 해준 게 있으니 또 받는다. 함께 일탈을 저질러도 "우리가 남이가!"를 외치면 타락한 공동체는 굳건히 유지된다.

퇴행적인 연대를 자랑이라 일삼는 패거리 문화는 동참하지 않는 자를 짓밟는다. 말 그대로 켕기는 구석이 많아서다. 여기서 개성과 자유재량은 타인을 배려하지 않는 이기적인 인간의 대표적 특징으로 언급될 뿐이다. 게다가 개인의 가치를 내세우며 쉽사리 살아갈 수 없었던 역사가 이런 경향을 가속화시켰다. 일제강점기, 전쟁 그리고 경제성장을 빌미로 혹독하게 사람을 괴롭혔던 군부독재를 거치면서 한국인에게 휴머니즘 같은 낭만적인 단어는 낭만 안에서만 존재해야 했다. 그리고 외환위기를 겪으면서 사람들은 각자도생, 즉 혼자 살아남기 위해서 어떻게든 다수의 편에 서는 역설의 상황에 익숙해졌다. 애석하지만 한국인들의 사람 사랑은 착해서가 아니라 공동체로부터 배제당하면 무조건 불이익을 당한다는 경험이 만들어낸 생존의 기술일 뿐이다. 그러니 어쩔 수 없이 '단결'된 모습을 보여주려고 했던 한국인들은 일상적으로 '차별'에 능숙할 수밖에 없다.

차별이 부유(浮遊)하는 사회란 누구나 차별하는 것에 익숙하다는 말이다. 그러면 이를 성찰하면 되겠으나 쉽지 않다. 폭력이 난무하니 일단 폭력을 피하는 것이 우선 아니겠는가. 그래서 한국인들은 자신이 차별의 가해자라는 것은 잊고 피해자가 되지 않기 위해서만 노력한다. 부모들이 자녀에게 "친구들이랑 친하게 지내라"고 말하는 것은 차별하는 사람이 되지 말라는 뜻도, 따돌림에 힘들어하는 아이에게 손을 뻗으라는 뜻도 아니다. 저 말에는 다른 사람들과 별문제 없이 지내야지만 왕따를 당하지 않는다는 걱정이 듬뿍 배어 있다. 이런 가르침을 받고 자란 어른들이 직장에서 타인을 무시하는 건 당연하다. 한국에서 '차별'이 '당하는 사람만의 문제'인 이유다.

본능만이 나부끼는 사바나 초원도 이 정도는 아닐 거다. 본능을 억제하는 사람들이 살아가는 세상이 문명사회라고 배웠는데 헛웃음이 난다. 한국 사회는 반성해야한다. 우리가 '하나 되어' 어떤 일을 저질렀는지를.

1장   인간은 타인을 괴롭히면서
존재감을 느낀다

– 집단 괴롭힘의 메커니즘

2장   내 탓이 아니라
뇌 탓이다

– 괴롭힘을 유발하는 세 가지 호르몬

재미 삼아 던진 돌에 당신이 맞아 죽을 수 있다

『이솝 우화』에는 아이들에게 괴롭힘당하는 개구리 이야기가 있습니다. 아이들은 깔깔대며 연못의 개구리를 향해 돌을 던지죠. 개구리가 아무리 그만 던지라고 애원해도 아이들은 '우리가 무슨 잘못을 했다고 그래? 그냥 돌을 던지며 노는 것뿐인데' 하며 그만두지 않습니다. 화가 난 개구리는 '너희들이 재미 삼아 던지는 돌 때문에 우리는 죽게 된다'고 항변하죠. 하지만 괴롭히는 쪽은 자신들이 하는 짓이 괴롭힘당하는 쪽에서는 죽고 싶을 만큼 가혹한 짓이라는 걸 전혀 모릅니다.

'집단 괴롭힘을 근절하자'는 이야기는 지금까지 끊임없이 나왔습니다. 문부과학성(文部科學省, 우리나라의 교육부와 문화체육관광부에 해당한다−옮긴이)도 각 학교에 집단 괴롭힘을 없애기 위한 다양한 정책을 시도했습니다.

하지만 뉴스에는 매달 집단 괴롭힘에 고통스러워하다 자살을 택하는 아이들의 소식이 보도되고 있습니다. 이런 보도를 볼 때마다 교육의 일선에서 아이들을 마주하는 교육자 중 '집단 괴롭힘을 근절할 수 있다'고 말할 사람이 얼마나 될까 의문을 갖습니다.

어쩌면 '집단 괴롭힘을 근절하자'는 목표 자체가 문제 해결로 가는 길을 복잡하게 만드는 것은 아닐까요? 집단 괴롭힘은 '절대로 있어서는 안 되는' 것이라고 생각하는 게 그 본질을 흐리게 만드는 원인이 아닐까요?

현재 거론되고 있는 집단 괴롭힘 대책들에 위화감이나 모순을 느끼는 것은 비단 저뿐만은 아닐 것입니다.

'집단 괴롭힘을 허용하지 않는 학교'를 슬로건으로 내걸고 있지만 정작 자살 사고가 발생하면 피해자의 심정을 헤아리기는커녕 집단 괴롭힘이 있었다는 사실 자체를 인정하지 않으려는 학교나 교육위원회, 피해자가 자살을 해도 반성 없이 학교를 계속 다니는 가해자들, 그리고 다음 피해자…… 이 악순환은 지금까지 한 번도 멈춘 적이 없습니다.

여러분 주위는 어떤가요?

최근의 집단 괴롭힘은 LINE이나 카카오톡, 트위터 같은 SNS 도구들을 이용해 더 쉽고 더 빠르게 확대되고 있습니다. 이런 발전된 도구가 없는 시대가 더 나았다고 생각하는 사람도 있을지 모릅니다.

하지만 집단 괴롭힘, 왕따, 집단 폭행 등은 어느 시대에나 존재했습니다. 그리고 아이들의 세계뿐 아니라 어른들의 세계에도 존재하죠.

예부터 일본에는 무라하치부(村八分, 마을의 법도를 어긴 사람과 그 가족을 마을 사람들이 의논해서 따돌리거나 한패에서 따돌리는 행위-옮긴이)가 있었고, 외국에는 케이케이케이(Ku Klux Klan, 일명 KKK단이라고 불리며 백인우월주의를 내세우는 미국의 극우 비밀 결사-옮긴이)나 네오나치즘 지지자들처럼 '정의'를 표방하며 소수자들을 제재하거나 배제하는 과격한 집단들이 있었습니다.

집단 괴롭힘은 학교뿐만 아니라 기업이나 학부모 모임, 스포츠 팀, 지역 커뮤니티 같은 집단에서 언제든 일어날 수 있는 현상입니다.

최근에는 이런 인간의 복잡하고 이해하기 힘든 행동을 과학적으로 해명하려는 연구가 전 세계에서 진행되고 있습니다. 그 결과 사회적 배제란 인간이라는 생물종이 스스로의 생존율을 높이기 위해 진화 과정에서 체득한 '기능'이라는 주장이 나왔습니다. 다시 말해 인간의 집단에서 배제나 제재 행동이 사라지지 않는 까닭은 거기에 뭔가 필요성과 쾌감이 있기 때문이라는 것입니다.

진심으로 집단 괴롭힘을 막고자 한다면 '집단 괴롭힘을 막지 못하는 이유는 가해자도 어쩔 수 없을 만큼 즐겁기 때문일지 모른다'는 가능성을 염두에 두어야 하지 않을까요?

예를 들어 어린아이들 사이에서 벌어지는 집단 괴롭힘을 해결하기 위해 상대방의 기분을 헤아려보라거나 상대방 입장에서 생각해보라는 지도는 큰 효과가 없습니다. 아이들의 뇌는 아직 상대방의 기분을 헤아릴 수 있을 정도로 '공감' 능력이 발달되어 있지 않기 때문이죠. 공감 능력은 서서히 키워가는 게 중요하기 때문에 상대방의 마음을 생각해보라는 훈육은 시기적으로 적절치 못합니다.

특히 어린 시절에 누군가를 괴롭히면서 맛본 쾌감이 뇌 속 마약으로 작용하면 '공감'이라는 브레이크가 작동하지 않게 됩니다. 이를 막으려면 '상대방을 공격했을 때 결국 손해 보는 것은 나 자신'이라는 공식을 익혀야 합니다. 하지만 지금의 학교에서는 아무도 없는 곳에서 상대방을 공격하면 가해자가 손해 보지 않는 환경이 조성되어 있습니다. 즉, '현명하게 상대를 공격하는 사람이 승리'하는 구조가 생겨나고 만 것이죠.

이 책은 집단 괴롭힘이 일어나는 메커니즘을 뇌 과학으로 밝히고 있습니다. 그리고 인간의 생물학적인 본질을 고려하면서 '어린이의 집단 괴롭힘'과 '어른의 집단 괴롭힘'에 대한 각각의 대응책을 생각해보겠습니다.

이 책으로 뇌 과학과 인간의 행동 양식에 대한 이해를

넓혀 집단 괴롭힘에 더욱 효과적으로 접근할 수 있기를, 그래서 한 명이라도 더 많은 사람을 구할 수 있기를 진심으로 바랍니다.

1장

인간은 타인을 괴롭히면서 존재감을 느낀다

집단 괴롭힘의 메커니즘

1장

**인간은 타인을
괴롭히면서
존재감을 느낀다**

왜 사람이 사람을 괴롭히는 걸까?

살아남기 위해 싸운다

———

집단 괴롭힘은 왜 생겨나는 걸까요? 사람은 왜 다른
사람을 괴롭히는 것일까요?

뇌 과학뿐 아니라 수리사회학이나 행동사회학에서도
집단 괴롭힘과 같은 사회적 배제 행위가 인간이 종(種)
으로서 존속하는 데 유리한 방법이었다고 말합니다.

인간은 다른 동물에 비해 육체적으로 약합니다. 인간
은 사자나 호랑이 같은 맹수와 맨손으로 싸워 이길 수

없고, 걸음도 빠르지 않아 도망치는 데도 불리합니다. 그렇다면 자연계에서 약자인 인간이 지금까지 어떻게 생존할 수 있었을까요? 인간의 무기는 바로 '집단을 만드는 것'이었습니다.

물론 자신을 지키기 위해서나 맹수와 싸우기 위해서 사용한 무기도 꽤 유용한 수단이었죠. 하지만 어린아이나 자식과 함께 행동해야 하는 여성은 무기가 큰 도움이 되지는 못했을 겁니다. 인간뿐 아니라 수많은 동물이 생존을 위해 무리를 지어 살아가지만 인간의 집단은 '고도로 발달된 사회성'을 지니고 있습니다. 이 점이 인간이 지금까지 생존하고 발전할 수 있는 원인이었으리라 생각합니다.

예를 들어 무리가 함께 조직적으로 사냥하는 동물은 있지만 수백, 수천 개 때로는 수만 개의 개체가 한 몸이 되어 몇 년의 시간을 허비하지 않으면 수행할 수 없는 목표나 계획을 달성하는 것은 인간뿐입니다.

진화의 계통을 거슬러 올라가 현재 살아남은 인간 속(屬)은 현생 인류인 호모 사피엔스입니다. 호모 네안데

르탈렌시스도 호모 하빌리스도 종으로서 살아남을 수 없었습니다. 그들의 두개골을 현생 인류의 두개골과 비교해보자 전두엽 크기가 눈에 띄게 달랐습니다. 뇌 전체의 크기는 호모 네안데르탈렌시스 쪽이 조금 컸지만 전두엽은 호모 사피엔스가 더 크고, 특히 전두엽 앞쪽 영역인 전두전피질 부위가 크게 발달했던 것입니다.

전두전피질은 사고, 공감, 창조, 계획, 행동, 의사(意思), 자제력과 같이 복잡한 사회 행동에 필요한 기능을 관장하며, '사회 뇌'라고도 불립니다. 우리가 다른 동물과 달리 복잡한 계획을 수행하거나 타인에게 공감하고 협조하는 것, 위험을 예측해서 위험 행동을 자제하는 것처럼 '인간다운 사회적 활동'이 가능한 이유는 바로 이 영역 덕분입니다.

전투적인 면에서는 압도적으로 불리한 육체를 가진 현생 인류에게 이 사회 뇌는 종으로서 살아남는 데 중요한 역할을 했을 것입니다. 다시 말해 사회 뇌란, 타인과 협력하도록 하는 기능이 발달한 뇌 영역입니다.

제재 행동은 필요악

———

그렇다면 종을 남기기 위해 사회적 집단을 만들고 협조한 인간에게 가장 큰 위협은 무엇이었을까요? 집단을 위협하는 적이나 적이 될 만한 다른 집단일까요?

분명 적이나 다른 집단은 공동체에 위험한 존재였지만 동시에 공동체를 결집시키는 존재이기도 했습니다. 공동체는 언제 공격해올지 모르는 적으로부터 자신들을 지키기 위해 결속력을 강화해야 했으니까요. 이것은 지금까지 많은 심리 실험으로 증명되었습니다.

그렇다면 사회적 집단에게 가장 큰 위협은 무엇일까요? 그것은 내부에서 집단을 파괴하는 '프리라이더(free rider)'라는 존재입니다. 프리라이더는 직역하면 '무임승차자'인데, 요컨대 협조하지 않거나 방해가 되는 사람, 농땡이 부리는 사람을 말합니다.

집단을 유지하기 위해서는 서로에게 노동이나 시간, 물건, 돈, 정보 같은 '리소스(자원)'를 제공해야만 합니다. 그래서 집단에 '꼭 필요한 사람', '도움이 되는 사람'은 집단을 위해서라면 자신도 희생할 수 있는 사람입니다.

모두가 리소스를 제공하는데, 한편에는 집단에 협력도 하지 않고 모두가 제공한 리소스를 공짜로 가져가는 사람(프리라이더)이 있으면 어떻게 될까요?

프리라이더의 행동을 눈감아주면 다른 사람들은 점점 더 자신이 리소스를 제공하는 것을 손해라고 생각할 것입니다. 프리라이더가 늘어나면 집단은 기능을 상실하고 결국 붕괴되겠죠. 그래서 집단을 유지하기 위해 무임승차할 것 같은 사람을 배제할 필요가 생겼습니다. 완전히 배제하기만 한다면 집단의 협력 관계는 견고하게 기능해 서로에게 이익을 가져다주고 집단의 생존 가능성도 높아질 것입니다.

이런 배제 행위에는 많은 노력과 보복 위험이 뒤따릅니다. 하지만 집단을 유지하기 위해서는 어쩔 수 없이 해야만 했습니다. 그 때문에 공동체에 방해가 될 만한 인물을 발견했을 경우 위험을 무릅쓰고라도 제재하거나 배제하려는 기능이 뇌에 장착된 것이죠.

학술적으로는 프리라이더를 간파하는 기능을 '배신자

색출 모듈', 제재 행동은 '생크션(sanction)'이라고 합니다.

괴롭힘은 도와주려는 마음에서 비롯된다

생크션(제재 행동)은 집단을 이루면 반드시 나타납니다. 동료를 지키고 사회성을 유지하려는 '향사회성(向社會性)'의 표출이기 때문이죠.

향사회성이란 반사회성의 반대 의미로, 사회를 위해 공헌하거나 타인을 도우려는 성질입니다. 인간에게 꼭 필요한 성질이지만 향사회성이 너무 높으면 오히려 위험한 현상이 표출되는 경우가 있는데, 보통 두 가지 유형으로 나타납니다.

첫째는 배제 감정이 고조되는 현상입니다. 이는 우리와는 다르다고 생각되는 사람들에게 적대심과 증오를 품게 되는 현상입니다. 일본의 헤이트 스피치(hate speech, 증오 또는 혐오 발언. 공공장소에서 특정 인종·민족·종교·성별·직업·신분 등에 속한 개인이나 집단에 대한 극단적인 욕설과 비방을 하는 것-옮긴이), 미국 트럼프 대통령

[그림 1] 생크션이 나타나는 구조

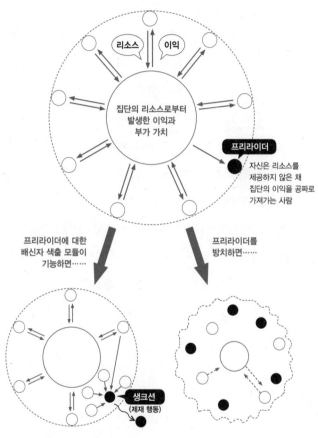

집단을 지키기 위해 프리라이더를 색출하고
제재 행동을 가해 배제하려고 한다

리소스를 제공하지 않는 사람이
늘어나 집단이 붕괴된다

의 이민 억제 정책, 이에 동조하는 사람들도 이런 현상의 예이며 최근에는 전 세계적으로 문제가 되고 있습니다.

둘째는 제재 행동이 발동할 필요가 없는 경우에도 발동하는 생크션의 오작동 현상입니다. 예를 들어 규칙을 어긴 게 아니라 그냥 몰랐을 뿐이거나 몸이 약해서 집단에 도움이 되지 않을 것 같은 사람에게까지 불필요하게 제재를 가하는 거죠. 그 정도가 지나치면 좀 건방지다는 이유로, 튀는 옷차림이라는 이유로, 눈에 띄는 외모라는 이유로 제재를 가하는 경우까지 생깁니다. 이것을 '과잉 제재(오버 생크션)'라고 합니다. 이 같은 현상은 학교나 회사 같은 조직 내에서도 일어날 수 있는데, 바로 이것이 집단 괴롭힘이 시작되는 메커니즘입니다.

2장

내 탓이
아니라
뇌 탓이다

괴롭힘을 유발하는
세 가지 호르몬

2장

**내 탓이
아니라
뇌 탓이다**

_____

사랑하기 때문에 괴롭힌다

사랑 호르몬 – 옥시토신

———

1장에서 살펴본 것처럼 인간은 공동체를 만들어 협력하는 전략으로 살아남은 생물종입니다. 따라서 공동체의 협력 구조를 파괴할 가능성이 있는 사람을 발견하면 그 사람에 대한 제재 행동이 나타납니다. 이것은 공동체를 유지하기 위한 중요한 기능 중 하나로, 향사회성이 높은 공동체일수록 제재 행동이 일어나기 쉽습니다.

이 향사회성과 집단 괴롭힘의 관계를 뇌 과학의 관점

에서 좀 더 구체적으로 살펴보겠습니다. 뇌 안에는 호르몬 중 하나인 '옥시토신(oxytocin)'이라는 물질이 있습니다. 옥시토신은 '사랑 호르몬'이라고도 불리는데, 뇌가 애정이나 친근감을 느끼도록 하는 특성이 있으며 인간 관계를 형성하는 데 중요한 역할을 하는 호르몬이죠. 예를 들어 평소에는 무표정하고 무뚝뚝한 남자가 자식 앞에서는 애교 섞인 목소리로 말하거나 생글생글 잘 웃는다면, 그의 뇌 속에서 옥시토신이 분비되어 자식에 대한 사랑을 느끼고 있는 것입니다.

나를 기쁘게 하는 것들

옥시토신은 뇌의 시상하부, 그중에서도 실방핵과 시색상핵의 신경분비세포에서 합성되어 하수체후엽에서 분비됩니다(그림 2 참조). 옥시토신은 뇌나 척수 같은 중추신경에서는 신경전달물질로 작용하며, 그 끝의 말초 조직에서는 근육의 스트레스를 완화하고 수축을 돕는 작용을 합니다.

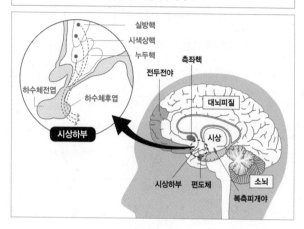

[그림 2] 시상하부의 구조

- 실방핵
- 시색상핵
- 누두핵
- 하수체전엽
- 하수체후엽
- 시상하부
- 전두전야
- 측좌핵
- 대뇌피질
- 시상
- 시상하부
- 편도체
- 복측피개야
- 소뇌

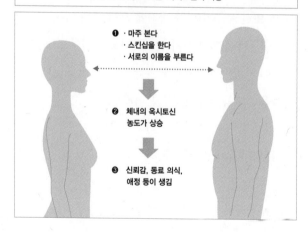

[그림 3] '사랑 호르몬' 옥시토신의 작용

❶ · 마주 본다
   · 스킨십을 한다
   · 서로의 이름을 부른다

❷ 체내의 옥시토신
   농도가 상승

❸ 신뢰감, 동료 의식,
   애정 등이 생김

옥시토신에 의해 근육 수축 작용이 가장 활발해지는 때는 분만기나 수유기입니다. 옥시토신의 작용으로 자궁 수축이 원활해지고, 유선(乳腺)이 수축되어 모유 분비를 촉진할 수 있는 거죠. 그래서 의료 현장에서는 '자궁수축제', '진통촉진제' 등에 옥시토신을 사용하고 있습니다.

옥시토신은 분만과 수유 시 많이 분비되지만 그렇다고 여성만의 호르몬은 아닙니다. 연구 결과 남성과 여성에게서 보편적으로 분비되는 호르몬이라는 게 밝혀졌습니다. 일반적으로 스킨십을 했을 때, 이름을 부르거나 불렀을 때, 마주 보며 대화할 때에도 옥시토신이 분비됩니다. 또한 누군가와 한 공간에 오래 함께 있는 것만으로도 옥시토신의 농도가 높아진다고 합니다. 그리고 상대방이 사람이 아니더라도 분비되는데, 예를 들어 애완동물을 쓰다듬거나 만져도 분비되죠.

사랑도 지나치면 독이 된다

——

옥시토신이 분비되면 상대방에게 친근함이나 신뢰감

을 느끼고 심리적, 정신적 스트레스도 완화됩니다. 사랑하는 사람들과 함께 있을 때 큰 행복을 느끼거나 누군가와 악수하고 마주 보며 대화하는 중에 동료 의식을 느끼게 되는 까닭은 옥시토신 때문입니다. 이처럼 옥시토신은 인간의 감정에 직접 작용해 애정과 유대, 동료 의식을 만드는 호르몬이며, 공동사회를 구축하기 위해서는 반드시 필요한 호르몬입니다(그림 3 참조).

하지만 옥시토신이 동료 의식을 지나치게 강화하면 질투나 배제 감정까지 높아지는 부작용이 있습니다. '지나침은 모자람만 못하다', '사랑도 지나치면 독이 된다'는 말은 바로 이 옥시토신을 두고 하는 말 같습니다. 애정이나 동료 의식도 과하면 거꾸로 인간관계를 망가뜨리게 됩니다.

달리 말하면 옥시토신 자체는 특별히 좋은 것도 나쁜 것도 아니며, 단지 동료를 만들기 위해 분비되는 물질일 뿐입니다. 동료를 소중히 생각하는 마음과 좋은 동료를 만들거나 고르려는 마음은 겉과 속 같은 것이며, 후자 쪽이 강해질 때 집단 괴롭힘이 발생하기 쉽습니다.

사이가 좋을수록 괴롭히기 쉽다

뇌 과학의 관점에서는 옥시토신이 동료를 만드는 동시에 동료를 배제하는 역할을 하지만, 심리학자 사와다 마사토(澤田匡人)는 규범의식이 높은 집단일수록 집단 괴롭힘이 일어나기 쉽다고 주장합니다. 규범의식이 높은 집단은 집단 내의 규칙이 확고하고, 집단 구성원은 반드시 그 규칙을 따라야 합니다. 규범은 그 집단을 유지하기 위한 규칙이므로 이것이 잘 지켜지느냐 마느냐는 집단의 존속과도 결부되죠. 규범의식이 높으면 집단이 '잘 정리되어' 원활하게 통제되고, 밖에서 보았을 때 질서 있는 집단처럼 보입니다. 또한 튀는 행동을 하는 사람, 집단의 목적을 어지럽히는 사람을 허용하지 않기 때문에 집단 구성원도 자신의 집단을 '좋은 집단'으로 인식합니다.

그런데 이렇게 규범의식이 높은 집단은 자연히 규범을 지키기 위한 대책도 필요합니다. 이 대책이 잘못된 방향으로 설정되면 제재나 배제를 하게 되는 거죠. 이때

규범이라는 것에는 국가의 법률이나 회사의 사칙처럼 명문화된 것뿐만 아니라 사적인 동료 집단, 때로는 집단이라고 부르기 어려운 네다섯 명 친구끼리의 불문율도 포함됩니다.

옥시토신 때문에 동료가 생기고, 옥시토신 때문에 그 관계가 강화되는 거죠. 동료 관계가 강화되면 집단 내 규범의식은 높아지고, 생크션이 발생하기 쉬운 환경이 만들어집니다. 결국 옥시토신으로부터 시작해 동료, 규범의식, 생크션과 같은 향사회성의 연결 고리 마지막에 '집단 괴롭힘'이 등장하게 됩니다.

누구나 집단 괴롭힘은 나쁜 행위이며 해서는 안 된다고 생각하지만 집단에 속해 있으면 어쩔 수 없이 향사회성이 높아지게 됩니다. 그러다 보니 집단에서 일탈한 사람은 배제하고 싶은 마음이 생겨나죠. 그래서 사이좋은 집단일수록 집단 괴롭힘이 쉽게 발생하는 딜레마에 빠집니다.

넘치는 것은 모자람만 못하다 - 로버스 동굴 공원 실험

___

아이들은 어른보다 동료 의식이 더 강하기 때문에 끼리끼리 뭉쳐 서로 반목하다가 집단 괴롭힘으로까지 발전하는 경우가 많은 편입니다. 또한 싸우는 두 집단을 화해시키는 것도 쉽지 않습니다. 가장 쉽게 떠오르는 해결법은 양쪽 아이들을 함께 놀도록 하거나 다 같이 식사를 하는 것입니다. 뭔가를 함께 하는 것으로 사이좋게 만들려는 시도죠. 언뜻 보기에는 '같은 장소에 있는 것만으로도 작동하는' 옥시토신 덕에 효과가 있을 것 같지만, 사실은 역효과라는 실험 결과가 있습니다.

미국의 사회심리학자인 무자퍼 셰리프(Muzafer Sherif)가 1954년, 9세부터 11세까지의 남자아이들을 대상으로 실시한 '로버스 동굴 공원 실험'입니다. 그는 아이들을 두 그룹으로 나눈 뒤 처음에는 서로의 존재를 모르게 한 채 캠프지인 '로버스 동굴', 즉 '도둑(robbers) 동굴'로 가도록 했습니다. 처음 일주일 동안 캠핑도 하고 하이킹을 하며 각각의 그룹은 결속이 강화되었고 자연스럽게 동료 의식이 싹텄습니다. 그 후 다른 그룹이 근처에 있다는 것을 알리고 두 그룹이 만나 줄다리기나 야구 같은 경쟁할 수 있는 시합을 하도록 했습니다.

그 결과 그룹 내의 동료 의식은 높아졌지만 상대 그룹에 대한 적대심이 생겼고, 시합 중에는 상대에게 험담을 하거나 공격적인 행동을 보였습니다. 게다가 시합이 끝난 후 '친구를 만든다면 현재 그룹의 멤버와 상대 그룹의 멤버 중 어느 쪽을 선택할 것인가' 묻자, 지금 속한 그룹의 아이를 선택하겠다는 답변이 90퍼센트 이상이었습니다. 동료 의식이 높아짐에 따라 동료가 아닌 아이에 대한 배제 의식도 높아진 거죠. 두 그룹의 적대 관계를 해소하기 위해 함께 식사를 하거나 영화를 감상하도록 했지만 식사 중에 싸움이 터졌고 관계는 전혀 개선되지 못했습니다.

관계 개선에 효과적이었던 것은 캠핑에 필요한 음료수 탱크를 함께 수리하도록 하는 등 어떻게든 두 그룹이 협력하지 않으면 안 되는 상황을 만든 것이었습니다. 서로 협력해 과제를 해결한 후 다시 한 번 같은 질문을 하자 이번에는 30퍼센트 안팎의 아이들이 상대 그룹과 친구가 되어도 좋다고 답했습니다.

이 연구는 자신이 속한 그룹 외에 다른 그룹이 있다는 사실을 안 것만으로 '나의 동료'와 '동료 아닌 사람'이라는 이분법이 생긴다는 점, 동료 사이에서는 옥시토신에 의해 결속력이 높아지는 반면 동료가 아닌 사람에게는 적대심이 높아진다는 점을 보여줍니다. 그리고 다른 그룹과 함께 식사를 하거나 노는 것만으로는 적대심이 사라지지 않는다는 것도 알게 되었습니다.

이것은 '내정에서 실패하면 외교로 회복한다'는 정치 수법과 비슷할지도 모르겠습니다. 외부에 적을 만들어 내부의 결속을 높이는 거죠.

우리도 평소 일상적으로 '내 사람'과 '그렇지 않은 사람'을 분리해 생각하고 있습니다. 그게 자연스러운 일이죠. 문제는 그런 의식이 지나쳤을 때 발생합니다. 학급이나 동아리 활동에서 그룹 대립이 있는 경우 이 실험은 좋은 힌트를 주고 있습니다. 단순히 '사이좋게 지내자'는 메시지나 함께 먹고 노는 것보다는 어쩔 수 없이 두 그룹이 힘을 합해야만 해결할 수 있는 과제를 주는 편이 낫다는 것입니다.

왜 현명한 개인이 집단에서는 바보가 될까?

두 그룹이 있으면 그 사이에 대립이 생기고 때로는 싸움으로까지 이어지는 흐름은 어렵지 않게 상상할 수 있습니다. 그런데 사람들이 집단이 되어 행동하면 개개인의 도덕심이 마비되고 윤리관이 무너진다는, 즉 집단 괴롭힘이 발생하기 쉽다는 자료가 있습니다.

2014년 미국 매사추세츠 공과 대학과 캘리포니아 대학 버클리 분교, 카네기멜론 대학 등의 합동 연구팀이 실험을 통해 집단이 이성을 둔화시킨다는 사실을 밝혀냈습니다. 연구팀은 인간이 집단의 일원으로 행동할 때는 '옳고 그름'을 판단하는 뇌, 다시 말해 도덕심이나 윤리관에 관련된 내측전두전야 영역의 반응이 떨어진다는 사실을 알아냈습니다. 실험은 다음과 같이 진행되었습니다. 학생 피험자 스물세 명에게 화면에 나타난 메시지에 대답하게 한 후 빨리 반응하는 쪽이 이기며, 이긴 쪽에게 돈을 주었습니다.

이 게임은 개인 대결과 팀 대결로 각각 실시했습니다. 메시지는 '페이스북 친구가 600명 이상이다'라는 소셜 미디어에 관한 것과 '공용 냉장고에서 다른 사람의 음식을 훔친 적이 있는지 없는지'를 묻는 윤리에 관한 것이었습니다. 연구팀은 피험자가 답변할 때 뇌를 스캔해 내측전두전피질의 반응을 모니터했습니다. '공용 냉장고에서 다른 사람의 음식을 훔쳤다'면 평소에는 내측전두전야가 '옳지 않은 일'로 판단할 것입니다. 개인 대결에서 내측전두전야는 평범한 반응을 보였습니다. 하지만 팀 대결에서 상대와 반응 속도를 다투게 되자 내측전두전야의 반응이 점점 줄어들었습니다. 내측전두전피질의 반응이 개인 대결 때보다 팀 대결에서 현저히 저하된 거죠. 이 실험은 그룹의 일원이 되면 윤리적, 도덕적 판단이 저하되고 통제가 어려워지는 것을 보여줍니다.

게임이 끝난 후 상대팀은 어떤 사람들인지 여러 장의 사진 중 선택하도록 했습니다. 그러자 같은 팀원에 비해 상대팀은 잘 찍히지 않은 사진을 고르는 경향을 보였습니다. 고작 10여 분 동안 진행한 팀 대결로도 피험자의 윤리관이 저하된 것입니다. 그리고 적대시하는 사람은 이유 없이 부정적으로 평가하게 된다는 점도 알 수 있었습니다. 이는 '내가 별로 좋아하지 않는 얼굴은 적일 것'이라고 생각하는 외집단(外集團) 선입견으로, 옥시토신 때문에 배척 감정이 생긴 것이라고 할 수 있습니다.

누구든 차별자가 된다 – 파란 눈, 갈색 눈 실험

집단의 정의와 개인의 윤리관이 충돌할 때 후자가 전자에 굴복하게 된다는 자료를 하나 더 소개하겠습니다.

1968년 미국, 초등학교 3학년 담임을 맡은 제인 엘리엇(Jane Elliott)이라는 여교사가 실시한 '파란 눈, 갈색 눈 실험'입니다. 엘리엇은 반 아이들을 눈 색깔에 따라 파란 눈을 가진 아이들과 갈색 눈을 가진 아이들로 나누었습니다. 그리고 첫날은 '파란 눈 아이들은 착한 아이들'이라며 이들에게만 5분 동안 놀이 시간을 주었습니다. 다음 날은 반대로 '갈색 눈 아이들은 착한 아이들'이라며 이들에게만 공용 수도 사용을 허락했습니다. 즉, 눈 색깔로 아이들을 차별해 대우한 것입니다. 그녀는 이런 실험을 하루씩 번갈아 했습니다.

당초 엘리엇의 의도는 눈 색깔로 사람을 차별하는 것이 얼마나 어리석은지 아이들이 스스로 깨닫게 해주려는 것이었습니다. 부당한 대우를 받거나 그런 친구들을 볼 때 아이들이 반발하기를 기대했던 거죠.

그런데 실험을 시작한 지 15분 만에 그 전까지는 사이가 좋았던 아이들이 다투기 시작했습니다. 이를 통해 아이들에게도 '차별 기능'이 이미 발달해 있고, 편견이나 차별에 대한 사회적 메시지를 민감하게 받아들이면서 거기에 호응도 하고 있다는 사실을 알 수 있습니다.

그리고 파란 눈 그룹과 갈색 눈 그룹은 의도적으로, 그것도 차별의 어리석음을 느끼게 하기 위해 나눈 집단이었지만 그룹이 형성됨으로써 개인의 윤리관, 도덕관이 너무나 쉽게 무너지고 조작된다는 것을 알게 됩니다. 또한 사이가 아무리 좋은 집단이라도 집단이 됨으로써 오히려 분쟁이 쉽게 일어난다는 교훈도 얻을 수 있습니다.

동료를 시기하거나 경멸하고 따돌리는 행위는 나쁜 짓이고, 그런 짓은 '몇몇 사람'만 한다고 생각하는 사람이 있을 테지만 실제로는 상황에 따라 누구나 할 수 있습니다. 본래 인간은 그런 행위를 하는 생물이라는 걸 이번 장에서 소개한 실험 등을 통해 알 수 있었을 것입니다.

불안하기 때문에 따돌린다

배신자 색출 모듈

———

집단 사회에서는 향사회성이 높아짐과 동시에 집단을 보호하기 위해 일탈자를 배제하려는 '오버 생크션'이 흔히 일어날 수 있고, 그 때문에 발생하는 공격 행동이 종종 집단 괴롭힘으로 연결된다고 앞에서 말한 바 있습니다. 그런데 이 오버 생크션은 발생하기 쉬운 나라와 그렇지 않은 나라가 있습니다. 두 나라에는 어떤 차이가 있을까요?

오버 생크션이 일어나기 위해서는 먼저 일탈자를 특정해야 하므로 일탈자를 발견하고 검사하는 과정이 필요합니다. 집단 구성원으로서 다른 일원을 바라보면서 앞으로 엇나갈 사람은 아닌지, 집단에서 돌출된 행동을 하지는 않을지 검증하는 뇌의 사고 과정을 '배신자 색출 모듈'이라고 합니다. 상당히 불쾌한 명칭이지만 바꿔 말하면 집단 내 잠재적 위험 요인을 감지하는 능력입니다. 배신자 색출 모듈의 강도는 사람마다 차이가 있는데, 일본인의 경우 다른 나라 사람보다 그 강도가 센 것으로 알려져 있습니다. 따라서 일본인은 일탈자나 일탈 후보자를 찾아내려는 경향이 강하고, 그 때문에 생크션이 쉽게 발생하죠.

나라나 사회에 따라 이런 차이가 발생하는 것은 '세로토닌(serotonin)'이라는 뇌 속 물질 때문인 것으로 보입니다.

행복 호르몬 – 세로토닌

———

세로토닌은 흔히 '행복 호르몬'이라 불리는데, 많이

분비되면 긴장이 이완되고 편안함을 느끼는 반면 적게 분비되면 불안함을 쉽게 느낍니다. 체내의 세로토닌은 대부분 소화 기관이나 혈액 내에 존재하고, 장 활동을 촉진하거나 혈액과 혈관의 작용을 조절합니다.

뇌 속의 세로토닌은 뇌와 척추 등의 중추신경에서 신경전달물질로 작용합니다. 특히 시상, 선조체, 해마, 편도체 등에서 생체 리듬, 호흡과 수면, 체온 조절, 운동 기능 등 다양하게 작용합니다. 뇌 속 세로토닌의 양이 줄어들면 전두전야의 활동이 둔해지기 때문에 감정을 억제할 수 없게 됩니다. 그뿐 아니라 공감, 계획성, 의욕 같은 사회적인 활동에 꼭 필요한 능력도 저하됩니다. 따라서 사회성이 떨어지거나 이성을 잃고 충동적인 행동을 하게 될 가능성이 높습니다.

세로토닌 저하가 우울증으로 연결되거나 세로토닌을 늘려주는 항우울제가 우울증과 불안 장애를 치료하는 데 사용되는 것도 이 때문입니다.

왜 자꾸 불안한 걸까?

—

세로토닌은 신경세포에서 분비되어 다음 신경세포의 수용체와 결합해 신호를 전달합니다. 분비된 세로토닌 중에는 다 사용되지 못하고 남는 것도 있습니다. 신경세포 안에는 이렇게 남은 세로토닌을 재사용하기 위한 단백질이 있습니다. 이것을 '세로토닌 트랜스포터(serotonin transporter)'라고 합니다.

세로토닌 트랜스포터의 양은 유전적으로 결정되기 때문에 사람마다 차이가 있습니다. 또한 세로토닌 트랜스포터의 양은 세로토닌 작용에 직접 영향을 미치므로 사람의 생각도 차이가 나게 됩니다. 예를 들어 세로토닌 트랜스포터가 많은 사람은 세로토닌도 많이 활용할 수 있기 때문에 약간의 위험은 개의치 않고 감수하거나 낙관적이고 대담한 판단을 할 수 있습니다(그림 4 참조).

반대로 세로토닌 트랜스포터가 적은 사람은 쉽게 불안에 빠지고, 위험이 가져올 결과를 다양하게 예상하기 때문에 신중해집니다. 그래서 위험한 행동이나 위험해

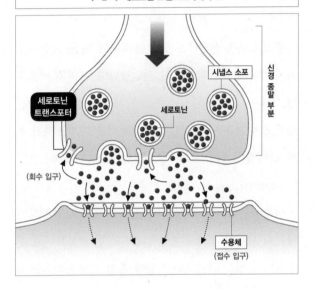

[그림 4] **세로토닌 트랜스포터의 구조**

시냅스 소포

세로토닌

세로토닌
트랜스포터

신경 종말 부분

(회수 입구)

수용체
(접수 입구)

세로토닌 트랜스포터는 신경세포에서 분비되는 세로토닌을 다시 회수하여 재생하는 단백질이다. 세로토닌 트랜스포터가 많은 사람은 '행복 호르몬'인 세로토닌을 많이 활용하기 때문에 낙관적인 경향이, 적은 사람은 쉽게 불안해지는 경향이 있다.

보이는 사람에게 거리를 둡니다.

유전자에는 이 세로토닌 트랜스포터를 많이 만들어 내는 L형 유전자와 적게 만들어내는 S형 유전자가 있습니다. 이들의 조합으로 그 사람의 세토로닌 트랜스포터 양이 결정됩니다. 인간의 유전자는 두 세트이기 때문에 세로토닌 트랜스포터의 유형은 LL형, SL형, SS형으로 세 종류가 있습니다.

특히 세로토닌 트랜스포터를 적게 만들어내는 S형 유전자가 어느 정도 비율로 분포하는지 세계 29개국을 대상으로 조사한 결과가 있습니다. 그 결과 29개국 중 일본이 S형 유전자가 가장 많은 것으로 나타났습니다. 일본의 S형 유전자 비율은 80퍼센트 이상이었는데, 80퍼센트를 넘은 것은 일본뿐이었습니다. 참고로 미국의 경우에는 S형 유전자 비율이 43퍼센트였습니다.

이 조사 결과를 바탕으로 생각해보면 일본인은 미리 위험을 예상하고 회피하려는 신중한 사람, 조심성이 많은 사람 그리고 주변의 분위기에 맞춰 행동하려는 눈치 빠른 사람이 많다고 볼 수 있습니다. 조심성이 많고 위험 부담을 염려하는 사람이 많다는 것은 결국 그 사회의 배신자 색출 모듈 강도가 높고, 사람을 판단하는 기준도 엄격하다는 걸 의미합니다. 그 정도가 지나치게 되면 실제로는 무임승차를 하지 않은 사람까지 배제하는 결과로 이어질 수 있습니다.

생존 전략은 환경에 따라 달라진다

그렇다면 일본인은 왜 S형 유전자가 많은 유전자 풀(gene pool)을 가지게 된 것인지 의문이 생깁니다.

S형 유전자 비율이 81퍼센트인 일본과 43퍼센트인 미국. 왜 이렇게 큰 차이가 생긴 걸까요?

생물의 진화 과정에서 특정 유전자가 확대되는 속도(적응도)를 수리사회학에서는 보통 한 세대에 1퍼센트가 변화한다고 가정하고 있습니다. 이를 적용해보면 미국과 일본의 S형 유전자 비율 차이가 거의 40퍼센트이기 때문에 두 나라의 최소 세대 수로 계산해 약 20세대의 차이가 있다는 것을 알 수 있습니다.

한 세대를 20년이라고 하면 20세대는 400년이라는 계산이 나옵니다. 지금으로부터 400년 전 일본은 정확히 에도 시대 초기 무렵, 오사카 여름 전투(1615년 여름, 도쿠가와 가문이 도요토미 가문의 오사카 성을 함락해 멸망시킨 싸움-옮긴이)가 끝나고 도쿠가와 이에야스(德川家康, 1543-1616, 일본 에도 막부의 초대 쇼군-옮긴이)가 사망한 무렵입니다.

전국 시대(戰國時代, 일본의 무로마치 막부 말기의 혼란기로, 전쟁이 끊이지 않아 전국 시대라 부른다-옮긴이)를 종식시킨 에도 시대는 겐나엔부(元和偃武, 1615년 오사카 여름 전투가 끝나고 도요토미 가문이 멸망한 후 평화로운 시대가 된 것을 가리키는 말. '겐나'는 당시 에도 막부의 연호이고, '엔부'는 무기를 창고에 넣어두고 쓰지 않게 되었음을 뜻하는 말이다-옮긴이)가 되어 사회가 상당히 안정을 되찾고 외적에 대한 걱정도 없어서 순응주의가 촉진되었습니다. 게다가 에도 시대에는 호에이 대분화(宝永大噴火, 에도 시대 중기인 1707년 후지산이 대분화한 것을 말한다-옮긴이), 안세이 대지진(安政の大地震, 에도 시대 후기인 1850년대 일본 각지에서 연발한 대지진을 말한다-옮긴이) 등 큰 재해가 많이 일어났습니다. 혼자서는 대처할 수 없는 막대한 재해 때문에 집단으로 행동하고 협력해야 했던 거죠.

또한 에도 시대에는 쌀이 통화 역할을 했고, 공물도 쌀로 바쳐야 했습니다. 그만큼 노동집약형 산업인 논농사에 종사하는 사람이 늘어났고, 절기에 맞춰 협력해야 할 작업도 자연히 많아졌죠. 이런 시대에는 다 같이 하는 일에 참여하지 않고 다른 사람들이 힘들게 만든 결과물을 거저 먹으려는 사람은 집단에서 볼 때 눈엣가시였을 것입니다.

당시의 일본은 모두와 잘 어울리고 협력하는 사람, 위험 부담에 신중한 사람, 배신자가 있으면 잘 규탄하는 사람이 살기 쉬운 나라였을 것입니다.

생존 전략은 환경에 따라 달라지게 마련입니다. 결과적으로 농경 중심의 평화로운 에도 시대가 오래 지속되었기 때문에 일본인의 생존 전략이 더욱 신중해졌고, 그 때문에 현재 일본인의 S형 유전자 비율이 커진 것으로 생각할 수 있습니다.

쾌감을 느끼기 때문에 차별한다

쾌감은 이성보다 강하다

———

생크션은 보통 '제재'라고 번역하지만 쉽게 말하면 '공격'입니다. 공격을 가하면 보복이 돌아올 수 있죠. 즉, 생크션에는 보복에 대한 공포가 존재합니다. 게다가 타인을 공격하는 동안에 자신의 일은 뒷전이 되기 때문에 자신의 리소스만 고려하면 손해 보는 행동이죠. 결과적으로 제재 행동은 개인에게는 큰 이득도 안 되고 합리적이지도 못합니다. 그런데도 왜 사람은 생크션을 하게 될까요?

놀랍게도 제재 행동을 통해 '쾌감'을 느낄 수 있기 때문입니다. 이때의 쾌감을 논리적인 눈으로 바라보면 제대로 파악할 수 없을 것입니다. 오히려 자연스럽게 발생하는 감정적 프로세스에 기초해 파악하는 편이 좋습니다. 예를 들어 상대방을 공격하는 일이 바람직하지 않은 행위라는 건 누구나 이성적으로는 알고 있습니다. 하지만 인간의 뇌는 그런 이성적 판단을 간단히 무시할 수 있을 만큼 공격에 따른 쾌감을 느끼도록 프로그램되어 있습니다.

뇌 속 마약 – 도파민

이 쾌감에 대해 조금 더 설명하겠습니다. 우리 뇌가 쾌감을 느끼는 이유는 '쾌감 물질'이라고 불리는 도파민(dopamine)의 작용 때문입니다. 도파민은 옥시토신이나 세로토닌과 마찬가지로 신경전달물질입니다. 도파민을 분비하는 A10 신경은 중뇌의 복측피개야 부분에 뻗어 있으며 전두연합야, 해마, 편도체, 시상하부 등 뇌의 여러 부분에 연결되어 있습니다(그림 5 참조).

A10 신경이 활성화되면 뇌의 여러 부분에 쾌감이 전달됩니다. 특히 이 신경은 종과 개체 유지, 정서에 관련된 영역과 밀접하게 연결되어 있습니다.

다시 말해 이 신경은 생존이나 자손 번식에 필요한 행위를 했을 때 활성화되는 것입니다. 우리가 밥을 먹거나 섹스를 했을 때 쾌감을 느끼는 이유가 바로 이 신경에서 방출되는 도파민 때문입니다. 많이 먹으면 살찐다는 걸 알고 있으면서도 종종 과식을 하게 되는 이유도 마찬가지입니다. 이런 식으로 이성과 감정은 자주 충돌하고, 이성보다 감정에 휘둘리는 경우가 많죠.

집단 괴롭힘 역시 해서는 안 되는 짓이라고 생각하지만 그럼에도 불구하고 해버리는 경우가 있습니다. 이것은 비합리적인 행위라는 걸 알면서도 인간이 스스로 쾌감을 보상으로 주면서까지 생크션을 몸에 새겨 넣으려 했다는 것을, 인간이라는 종이 살아남기 위해 생크션이 꼭 필요했다는 것을 말하고 있습니다.

[그림 5] 대뇌변연계

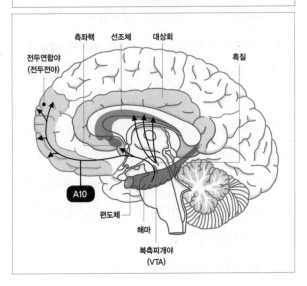

전두연합야
(전두전야)

측좌핵　선조체　대상회

흑질

A10

편도체

해마

복측피개야
(VTA)

정의의 이름으로 용서하지 않겠다

―

오버 생크션이 발동하면 뇌에서 도파민이 방출되어 쾌감을 느끼는 것으로 알려져 있습니다. 그러나 이때의 쾌감은 섭식이나 성 행위처럼 종을 유지, 보존하기 위해 느끼는 쾌감과는 다릅니다. 소속 집단을 지키기 위해 규칙을 어긴 자에게 벌을 가한다는, '정의(正義)'를 기반으로 한 행동이기 때문에 거기에서 정의 달성 욕구나 집단에 대한 소속 욕구가 충족됩니다. 사적인 욕구인 식욕이나 성욕보다 한 차원 높은 쾌감을 느끼는 거죠.

집단 괴롭힘은 대개 잘못한 사람을 바로잡으려는 의도에서 출발합니다. 상대가 잘못했기 때문에 제재하는 게 당연하고, 거기서 자신은 옳은 일을 했다는 쾌감을 느낍니다. 가해자는 자신이 한 행위가 정의에서 비롯된 것임을 믿어 의심치 않기 때문에 '옳은 일을 하면 즐겁다'고 생각하면서 상대방을 쉽게 공격하거나 비판하게 됩니다.

인터넷 악플이 대표적인 예입니다. 누군가가 조금이

라도 폴리티컬 커렉트니스(political correctness, 정치적 타당성. 사회적인 약자나 소수 민족에 대한 차별을 없애려고 하는 사회 개혁 운동—옮긴이)에서 벗어난 것처럼 보이면 악플러들이 달려들어 공격을 합니다. SNS상 악플도 마찬가지죠. 저 사람의 의견은 옳지 않다, 공동체의 규칙을 따르지 않으니 공격해도 괜찮다고 착각해 마치 정의의 사도가 된 기분으로 온갖 악담을 퍼붓는 것입니다. 특히 익명성이 보장된 인터넷에서는 보복을 당할 위험이 적기 때문에 더욱 과격한 말을 사용합니다.

물론 인터넷 악플로도 도파민이 방출됩니다. 공동체의 규칙을 따르지 않는다고 규탄하거나 정의의 이름으로 비난을 퍼붓는 사람들에게 악플은 인정 욕구나 성취감을 채우는 수단입니다. 그렇기 때문에 악플을 달면 달수록 도파민이라는 뇌 속 마약이 활성화되고 공격이 점점 더 과격해지는 것입니다.

이처럼 인터넷 악플은 정의 구현을 전면에 내세운다는 점, 익명성으로 보복을 피할 수 있고 인정 욕구와 성취감이 충족된다는 점에서 집단 괴롭힘과 그 구조가 상당히 유사합니다. 특히 요즘에는 많은 사람들이 이 같은 도파민에 취해 늘 공격할 대상을 찾고 있는 건 아닌가 싶습니다. 상대를 발견하면 너무 무서운 기세로 몰려들어 어떨 때는 개미 행렬 한가운데에 설탕을 떨어뜨린 것처럼 보이기도 합니다.

앞서 살펴본 실험들을 통해서도 알 수 있듯이 집단의 일원이 되면 사고력이 떨어지고 이성적으로 컨트롤할 수 없는 상태가 되기 쉽습니다. 설령 집단 내 한 사람이 이성적으로 나머지 구성원들을 막아보려고 해도 그들 눈에는 그 사람마저 이질적인 존재로 보이기 때문에 새로운 집단 괴롭힘의 대상이 되고 맙니다. 그렇게 집단 괴롭힘이 연쇄적으로 일어나는 거죠.

이를 통해 도파민이 일단 방출되면 이성의 브레이크로는 좀처럼 막기 힘들다는 것을 알 수 있습니다. 냉철한 이성과 공격하고 싶은 욕구가 충돌할 때 이성이 공격 욕구를 억누르기는커녕 더욱 고도한 방향으로 작동하게 됩니다. 이성이 '공격이 옳은 일'이라고 합리화해주기 때문이죠. 억제 구조 자체가 존재하지 않는 것입니다.

피해자에게도 원인이 있다?

정의를 표방하고 집단 괴롭힘을 가하는 쪽은 아무리 타일러도 소용이 없습니다. 그들에게는 정의를 구현하고 있다는 만족감이 상당히 크기 때문이죠. 때로는 정의를 실현하고 있다는 쾌감에 중독된 경우도 있습니다.

집단 괴롭힘을 그만두라고 교사가 지도해도 아이들은 겉으로 봤을 때 그만둔 척할 뿐 사실은 은밀하게 지속합니다. 이렇게 발견하기 어려운 경우가 훨씬 많을 것입니다. 어쩌면 집단 괴롭힘을 방관하는 사람이나 담임 교사 중에는 당하는 쪽에도 원인이 있다고 생각하는 사람이 있을 테지요. 그렇게 생각하는 사람의 내면에도 배신자 색출 모듈이 있기 때문에 오버 생크션이 작동하고 있는 것입니다.

앞서 말했듯 일본인에게는 세로토닌 트랜스포터 S형 유전자가 많습니다. 신중하고 체제에 순응하는 사람이 많기 때문에 가해자든 방관자든, 더 나아가 담임 교사도 배신자 색출 모듈 기능이 특별히 다르지 않습니다. 그래서 가해자가 피해자를 괴롭히는 이유에 그들까지 무의식적으로 동조하는 경우가 비일비재합니다. 게다가 어른이자 교사임에도 불구하고 자신을 집단의 일원으로 인식하게 되면 도덕심이나 윤리관이 낮아져 집단 내 생크션을 거의 저지하지 못합니다. 더구나 억제 기능이 충분히 성장하지 못한 아이들이라면 생크션을 막는 일은 불가능에 가까울 것입니다.

평범한 사람도 갑질을 한다 – 스탠퍼드 대학 감옥 실험

다음은 도파민에 의해 이성적 판단이 흐려지면 어떻게 집단 괴롭힘이 연쇄적으로 일어나는지 보여주는 실험입니다. 실험은 미국 스탠퍼드 대학의 필립 짐바르도(Philip G. Zimbardo) 교수가 진행했습니다. 이 실험은 보통 사람이 특수한 직함이나 지위를 부여받으면 그 역할에 따라 어떻게 변화하는지 살펴보기 위해 롤플레잉으로 실시되었습니다.

우선 스탠퍼드 대학의 지하 실험실을 개조하여 감옥

을 만들었습니다. 그리고 신문 광고를 통해 모집한 대학생 스물한 명을 '교도관' 역과 '죄수' 역으로 나누어 각각의 역할을 연기하게 했습니다. 실험 기간은 2주일간이었습니다. 단순한 역할 놀이 같은 실험이었지만, 하루가 지나자 어느새 죄수는 죄수다워지고 교도관은 교도관다워졌습니다. 죄수는 자연스럽게 순종적으로 변했고, 교도관은 권위적으로 바뀌었으며 그 정도도 점점 심해졌습니다. 이때부터 실험은 무서운 결과를 향해 나아가게 됩니다.

예를 들어 교도관들이 모든 죄수들의 오른발에 무거운 쇠사슬을 채웠습니다. 일반 감옥에서조차 이런 행위는 금지되어 있는데도 말이죠. 교도관 역을 맡은 피험자는 명령을 따르지 않거나 반항적인 죄수에게 체벌을 가하거나 식사를 주지 않는 등 직무를 넘어선 학대를 아무렇지 않게 가했습니다. 게다가 죄수에게 굴욕감을 주기 위해 맨손으로 화장실 청소를 시키거나 구두를 닦도록 명령했습니다.

지극히 평범한 대학생들도 권력을 가진 자와 가지지

못한 자로 나뉘어 한 공간에 있는 것만으로 서서히 이성이 마비되고 폭주한 것입니다. 결국 2주간 진행되었어야 할 실험이 엿새 만에 중지됐습니다. 우연히 실험을 견학하러 온 짐바르도의 연인인 심리학자가 너무나 혹독한 상황에 충격을 받고 실험을 당장 중지해야 한다고 충고했기 때문입니다.

그런데 이 실험을 매일 모니터하고 있던 짐바르도 역시 감옥의 상황을 몰랐던 게 아닙니다. 실험의 책임자이자 심리학 전문가인 짐바르도마저 감옥이라는 상황에 마비되어버린 것입니다.

이 실험을 통해 우리는 누구나 제도와 상황에 따라 악마가 될 수 있고, 정의라는 뇌 속 마약에 중독될 수 있다는 사실을 알게 됩니다.

3장

왜 나는
너를 가만두지
못하는가

뇌 과학으로
분석한 차별과
괴롭힘 현상

3장

**왜 나는
너를 가만두지
못하는가**

왠지 괴롭히고 싶은 사람이 있다

신체적 약자, 눈치 없는 사람

———

폭행까지 가하는 집단 괴롭힘의 경우 피해자는 다음
과 같은 신체적 특징을 가진 경우가 많습니다.

- 몸집이 작은 사람
- 몸이 약한 사람
- 뚱뚱한 사람
- 행동이나 반응이 굼뜬 사람

슬프게도 아주 별거 아닌 이유이지만 잘 생각해보면 생크션을 할 때는 신체적으로 약해서 보복을 가하지 못할 사람을 선택한다고 볼 수 있습니다. 또한 반항하지 않을 것 같은 사람, 반박하지 않을 것 같은 사람들도 집단 괴롭힘을 당하기 쉽습니다.

집단 괴롭힘은 신체적 특징뿐 아니라 인품이나 성격처럼 내면적인 면에서도 피해자 유형을 발견할 수 있습니다. 일부러 그러는 건 아니더라도 집단의 화합을 와해할 만한 언동을 일삼는 사람, 진지하고 옳은 발언이지만 모두가 즐거워하는 분위기에 본의 아니게 찬물을 끼얹는 사람이 대표적입니다. 흔히 말하는 분위기 파악을 못하는 사람이죠. 그런 사람은 집단 내에서 어쩐지 어긋나 있고 대하기 껄끄럽거나 거슬리는 사람으로 취급됩니다.

왠지 모르게 보기만 해도 화가 나는 사람, 누구나 한 명쯤 떠오르지 않나요? 그런 인상을 주는 사람은 집단 괴롭힘의 표적이 될 수 있습니다. 특히 학교처럼 장기간 집단생활을 해야 하는 곳에서는 사이가 좋은 친구나 교사까지도 집단 괴롭힘을 대할 때, 앞서 말한 것처럼 당하는 사람에게도 원인이 있다고 생각하는 경우가 있으므로 위험합니다. 가해자 쪽에서는 가해자라는 자각이 없기 때문에 개선이 더욱 어렵죠. 또한 기업에서 이런 유형은 해고나 성희롱의 표적이 되기 쉽습니다. 거꾸로 이런 유형의 사람이 있기 때문에 다른 사람들은 자신의 처신을 더욱 조심하게 되는 것 같습니다.

요즘은 어른이든 아이든 주변의 눈치를 잘 살피고 거슬리는 말을 하지 않는 신중한 타입이 늘고 있는 듯합니다. 이런 것도 사람들이 위험 부담을 특히 신경 쓰기 때문에 집단에서 살아남기 위해 사용하고 있는 처세술이구나 생각하면 씁쓸하기도 하지만 어쩔 수 없는 현실이겠죠.

혼자만 득을 보는 것 같은 사람

___

혼자만 득을 보는 것 같은 사람은 질투받기 쉬운 사람을 말합니다. 그리고 때때로 이 질투가 집단 괴롭힘으로까지 발전합니다. 심리학적으로 질투는 서로 '유사성'과 '획득 가능성'이 높을 때 강해진다고 합니다.

유사성이란 성별이나 직종, 취미나 기호 등이 얼마나 비슷한지를 나타내는 지표입니다. 다시 말해 자신과 비슷한 수준의 사람이 자신이 가진 것보다 나은 것을 갖게 되면 더 시샘을 느끼는 것입니다.

획득 가능성이란 상대가 가진 것을 자신도 가질 수 있는 것인지 아닌지의 가능성을 말합니다. 예를 들어 자신과 비슷한 처지의 사람이 도저히 손에 넣기 힘든 것을 손에 넣거나 도달하기 힘든 수준까지 올라간 걸 보았을 때 단순한 부러움에서 끝나지 않고 강한 질투심을 느끼는 것입니다.

가치관이나 연령이 다른 사람, 자신과는 목표가 다르거나 아무리 노력해도 쫓아갈 수 없을 만큼 우수한 사람, 부와 권력이 자신과는 비교할 수 없는 사람은 유사성이나 획득 가능성이 낮기 때문에 질투 대상이 되기 힘듭니다.

하지만 학교는 또래 아이들이 모여 똑같은 교육을 받

는 공간이기 때문에 아이들 간의 유사성과 획득 가능성
이 높을 수밖에 없습니다. 그 사이에는 교사가 편애하거
나 체육 등 특기가 있는 아이, 다른 아이들보다 머리가
특히 좋거나 귀엽게 생긴 아이, 가정이 부유한 아이 등
이 존재합니다. 즉, 교실은 자연스럽게 질투심이 생기기
쉬운 환경이 조성되는 거죠.

조금 예쁘거나 똑똑한 아이도 질투 대상이 되기 쉽습
니다. 이런 유형의 사람은 조금만 실수를 저질러도 집단
괴롭힘의 피해자가 될 수 있습니다. 작은 실수에도 주변
사람들이 크게 반응하기 때문입니다. 평소 느끼고 있던
질투심이 폭발해 필요 이상으로 비난하는 거죠.

질투는 인간이라면 누구나 갖고 있는 감정이므로 원
천적으로 막을 수는 없습니다. 우리는 질투 대상이 불행
해지면 뇌 안에서 쾌감을 관장하는 선조체 활동이 활발
해져 기쁨을 느낍니다. 이것을 학계에서는 '샤덴프로이
데(Schadenfreude)'라고 합니다. 흔히 말하는 '타인의 불
행이 나의 행복'이라고 생각하는 심리입니다.

하지만 질투 대상은 유동적이어서 질투하는 쪽과 질

투받는 쪽은 얼마든지 뒤바뀔 수 있습니다. 괴롭힘을 당하던 아이가 괴롭히는 입장이 되면 당했던 경험을 토대로 더 잔인하게 괴롭힐 수 있습니다. 그러나 그럴수록 눈에 띄는 사람이 되기 때문에 다시 다음 표적이 되는 악순환에 스스로 빠지는 셈입니다.

이질적으로 보이는 사람

집단 괴롭힘의 대상 중에는 단순히 이해할 수 없어서, 배경지식이 부족해서 이질적으로 보이는 사람도 있습니다. 예를 들어 외국에서 태어난 사람이나 성적 소수자에 대한 편견과 차별이 집단 괴롭힘으로 연결되는 경우입니다.

그 같은 특성이 오히려 개성으로 인정받고 활약할 수 있는 방송계와는 달리 일상적인 학교나 직장에서 그런 유형은 상당히 눈에 띄게 됩니다. 그렇기 때문에 배신자 색출 모듈이 작동해 상대를 놀리거나 따돌리려는 마음이 생기기 쉽습니다.

2015년 국제인권단체 휴먼 라이츠 워치(Human Rights Watch)는 일본의 성적 소수자(LGBT, 레즈비언(Lesbian) 과 게이(Gay), 양성애자(Bisexual), 트랜스젠더(Transgender) 의 앞 글자를 딴 것이다-옮긴이) 학생에 대한 집단 괴롭힘에 관해 조사했습니다. 이 조사는 몸과 마음의 성(性)이 다른 트랜스젠더나 동성애자 같은 성적 소수자 학생(25세 미만)을 대상으로 인터넷을 통해 실시되었으며 이듬해 조사 보고서가 발표되었습니다.

조사 결과 응답자 450여 명 가운데 학교에서 성적 소수자에 대한 폭언을 들은 적 있다고 한 사람이 86퍼센트, 그중 30퍼센트는 교사가 말하는 것을 들었다고 응답했습니다. 폭언을 들은 교사 중 주의를 준 것은 7퍼센트에 불과했으며, 60퍼센트는 별다른 대응을 하지 않았고, 18퍼센트는 교사도 같이 폭언을 했다고 합니다.

문부과학성은 2015년 학교와 교육위원회에 '성 동일성 장애 학생에 대한 세부적 대응' 지시문을 보냈고, 이듬해에는 성적 소수자에 대한 교직원의 이해를 높이기 위해 교직원용 교육 자료 '성 동일성 장애와 성적 취향,

성 자인(自認)에 관한 세부적인 대응 등의 실시'를 공표했습니다.

앞으로 성적 소수자에 대한 이해가 깊어지리라 기대하지만, 학생보다 먼저 교사나 학부형부터 평소에 편견이나 차별 의식을 가진 건 아닌지 스스로 돌아볼 필요가 있습니다. 이런 편견이나 차별 의식이 본래 가지고 있던 배신자 색출 모듈이나 생크션 기능을 작동하게 만듭니다. 그래서 자신의 학생, 자신의 친자식인데도 당하는 아이에게도 문제가 있는 건 아닐까 의심할 수 있음을 인식해주었으면 합니다.

2016년 11월, 후쿠시마 원자력 발전소 폭발 사고 때문에 요코하마로 피난을 간 아이가 집단 괴롭힘을 당했다는 뉴스가 보도되었습니다. 아이들과 담임 교사는 피해 학생 이름에 세균을 뜻하는 '균(菌)' 자를 붙여 불렀고, 보상금도 받았을 거라며 피해 학생으로부터 총 150만 엔에 이르는 거액을 빼앗았다는 것입니다. 보상금을 받았을 거라는 험담에서 배후에 어른의 질투가 있었고, 그 질투 때문에 집단 괴롭힘이 시작되었다는 걸 짐작할 수 있습니다.

또한 피난을 온 약자의 입장에 더해 '균'에서 '방사능'을 연상시켜 모두와는 다른 사람이라는, 이색분자 요소를 추가해 배신자 색출 모듈이 작동한 것입니다. 그뿐 아니라 아이들 사이에서의 집단 괴롭힘으로 그치지 않고 담임 교사까지 윤리관이 저하되어 집단 괴롭힘을 제지하기는커녕 동조함으로써 학급 전체가 폭주한 것으로 보입니다.

누구에게나 괴롭히고 싶은 순간이 찾아온다

욱하는 사춘기

———

아이들 사이에서 일어나는 집단 괴롭힘 중에서도 피해자가 자살까지 하게 되는 과격한 괴롭힘은 특히 초등학교 고학년부터 중학교 2학년까지 많이 일어납니다.

그림 6과 그림 7은 문부과학성이 발표한 '학생의 문제 행동 등 학생 지도상의 모든 문제에 관한 조사' 자료입니다. 사실상 집단 괴롭힘이 나이와 어떤 상관관계를 갖는지 명확하게 알 수 있는 자료가 없기 때문에 구체적인

메커니즘은 아직 알 수 없습니다. 그러나 집단 괴롭힘이나 학교 폭력이 과격해지기 쉬운 초등학교 고학년부터 중학교 2학년까지는 신체적으로 아이에서 어른으로 변하는 시기와 겹칩니다.

이러한 신체 변화에는 성호르몬이 관여합니다. 인간의 뇌는 태어난 직후에 신경세포가 급격히 증가하다가 이후에는 그 신경세포들을 정리하게 됩니다. 그 결과 뇌속에는 필요한 부분만 남게 되는데 바로 이 또래 아이들의 전두엽에서 이런 현상이 일어납니다.

보호자도 이 시기 아이의 인격이 급격하게 변화해 놀라는 경우가 많을 겁니다. 흔히 말하는 사춘기, 질풍노도의 시기이며 심리학에서는 자립의 시대 등으로 부르죠. 특히 남자아이는 성호르몬인 테스토스테론(testosterone) 때문에 큰 변화를 겪습니다. 인생 전체에서 이 시기에 성호르몬이 가장 많이 늘어납니다. 테스토스테론은 9세부터 급격히 분비해 15세에 정점에 달합니다. 9세 전과 비교하면 약 20배까지 늘어난다는 자료도 있습니다. 이 시기의 뇌는 새롭게 태어난다고 할 수

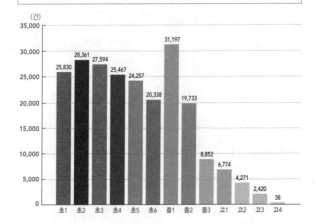

[그림 6] 학년별 집단 괴롭힘 인지 건수 그래프

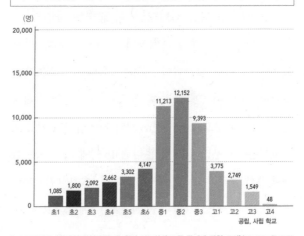

[그림 7] 초, 중, 고등학교 교내 폭력에 가담한 학년별 가해 학생 수 그래프

출처 2015년도 〈학생의 문제 행동 등 학생 지도상의 모든 문제에 관한 조사〉(2017년 2월 28일 공표. 문부과학성 초등중등교육국 아동학생과)

있을 정도로 큰 변화를 겪기 때문에 말투나 행동 면에서 마치 딴사람이 된 것처럼 보인다 해도 전혀 이상할 게 없습니다.

테스토스테론은 주로 남성에게 많이 분비되는 남성 호르몬입니다. 남성의 테스토스테론은 약 95퍼센트가 고환(정소)에서 합성되어 분비됩니다. 여성도 적은 양이지만 난소나 부신 등에서 분비됩니다.

테스토스테론은 음모나 수염의 성장, 성대 변화, 고환이나 음경의 발육 등 사춘기 소년의 이차 성징에 영향을 줍니다.

또한 테스토스테론과 폭력성의 관계에 대해 많이 알려져 있듯 지배욕이나 공격성을 강화하는 호르몬이기도 합니다. 어른이 되어서도 테스토스테론이 많이 분비되는 사람은 공격성이 높거나 타인 위에 군림하고 싶어 하는 경향이 강합니다. 이는 남성뿐 아니라 여성에게서도 찾아볼 수 있는데, 테스토스테론 수치가 높은 여성은 공격적으로 변하기 쉽습니다. 테스토스테론이 특히 많이 분비되는 시기인 사춘기의 남자아이는 스스로도 이유를 알 수 없이 공격적이 되곤 합니다. 금방 화를 내고, 닥치는 대로 반항하거나 반발하고 싶은 충동을 참지 못합니다. 그러므로 집단 괴롭힘의 가해 학생도 테스토스테론 증가에 따른 자신의 폭력성과 공격성을 제대로 제어하지 못해 곤란해할지 모릅니다.

그와 동시에 이 시기부터 감정의 브레이크 역할을 하는 전두전야가 성장합니다. 감정이 격렬한 시기인 사춘기에 전두전야가 브레이크로서 잘 작동하면 좋겠지만 전두전야가 완전히 성숙해지는 것은 30세 전후입니다. 그래서 사춘기에는 브레이크도 제때 밟지 못하는 것입니다. 다시 말해 감정 조절을 잘 못합니다.

엎친 데 덮친 격으로 테스토스테론 때문에 공격성이 높아진 이 시기에 배신자 색출 모듈까지 더해지면 제재 행동은 더욱 가속도가 붙습니다. 상대를 철저히 짓밟고 싶어지는 것입니다. 안타깝게도 감정의 브레이크마저 미완성 상태이기 때문에 그 충동을 스스로 억제하기도 어렵습니다.

그렇기 때문에 주위 어른들은 이 시기 아이의 뇌 변화

에 대해 충분히 이해하고 그에 따른 적절한 주의와 대응을 해야 합니다. 특히 초등학교 고학년부터 중학교 2학년까지의 아이는 말과 행동을 잘 살펴봐야 합니다. 사소한 놀림이나 농담은 물론 평범해 보이는 장난이나 놀이에도 감정이 쉽게 상하고, 그것이 심각한 문제로 발전하는 이유는 뇌가 발달하고 있기 때문입니다.

6월과 11월을 조심하라

학교에서 학급 붕괴가 늘어나거나 집단 괴롭힘이 발생하기 쉬운 시기는 5~6월과 10~11월이라고 합니다. 물론 집단 괴롭힘은 1년 내내 있을 수 있지만 특히 이 시기에 빈발하는 데는 몇 가지 원인을 유추할 수 있습니다.

1년 중 6월과 11월은 행복 호르몬인 세로토닌의 분비량이 변화하는 시기입니다. 5~6월, 10~11월에는 일조시간이 변하는데, 이때는 세로토닌의 합성이 원활하지 않고 분비량도 줄어들어 우울함을 느끼는 사람이 많아집니다.

세로토닌이 부족하면 사람은 쉽게 불안해지거나 폭력성이 높아집니다. 때로는 도박 중독처럼 나쁜 결과로 이어질 걸 뻔히 알면서도 스스로 억제하지 못하는 '충동성 장애'를 초래하기도 하죠. 폭력성이 높은 사람이나 충동성 장애가 있는 사람일수록 소변 검사를 해보면 세로토닌의 대사물질이 적다는 걸 알 수 있습니다. 대사물질이 적다는 것은 세로토닌 역시 부족하다는 뜻입니다.

보통 세로토닌의 양은 늘기도 하고 줄기도 하지만, 앞서 말했듯 특히 6월과 11월에 감소합니다. 6월과 11월은 세로토닌이 감소하기 때문에 감정 기복이 크거나 불안을 느끼는 사람이 많아집니다. 또한 공격성이 강해지는 사람, 충동성 장애로 고민하는 사람도 증가합니다.

감정 억제가 잘 안 되기 때문에 싫은 건 안 하고, 하고 싶은 건 해야 직성이 풀리는 시기입니다. 그래서 집단 괴롭힘을 아무리 철저히 단속하는 학교라도 이 시기에는 은밀한 집단 괴롭힘이 발생할 수 있습니다.

세로토닌은 스트레스에도 영향을 받습니다. 5~6월, 10~11월에 세로토닌이 부족해진다는 것을 인지하고 다른 때보다 더 자주 쉬거나 긴장을 풀면 좋을 것입니다. 그러나 일본의 경우 6월에는 공휴일이 없어 어른이든 아이든 금방 지치기 쉽습니다. 이런 것도 문제를 키우는 원인입니다.

또한 여성이 남성에 비해 세로토닌 분비량이 적고 섭취한 음식물에 따른 영향도 쉽게 받기 때문에 이 시기면 평소 아무렇지 않게 넘겼을 법한 일에도 걱정을 하거나 특별한 이유 없이 불안을 느끼곤 합니다. 왜 그런지 이유를 찾으려 애쓰다가 더 부정적인 생각에 빠지기도 합니다. 하지만 이 시기와 뇌의 메커니즘에 대해 미리 알아두면 갑작스러운 기분 변화에도 조금은 마음이 편해지지 않을까요? 그리고 침울할 때를 대비해 마음을 다스릴 방법을 미리 생각해두면 몸과 마음이 건강해질 것입니다. 이야기를 잘 들어주고 공감해주는 사람, 마음이 놓이고 기분을 전환할 수 있는 장소를 사전에 알아두면 좋을 것입니다.

보통 5~6월, 10~11월은 운동회 같은 큰 행사가 끝나고 난 후입니다. 운동회나 학예회는 특히 집단의 단결력이 필요한 행사죠. 이때는 옥시토신이 높아져 규칙을 어기는 사람이나 엇나가는 사람, 학급에 도움이 되지 않는 사람이 쉽게 눈에 띄고 표적이 될 수 있습니다. 공격할 만한 구실을 찾기 좋은 상황이죠.

이 시기에는 괴롭힘이 한층 잔인해질 수 있기 때문에 과학적으로도 이 시기가 특히 위험하다는 것을 어른들이 유념하고 있어야 합니다. 이것은 피해자의 문제가 아니라 가해자 쪽의 호르몬 변화 탓에 생긴 문제이며, 충동을 해소하지 못하기 때문이라는 점을 충분히 이해해야 합니다.

이 시기에 인간관계 갈등을 피하기 위해서는, 좀 이상하게 들리겠지만 동료 의식을 필요 이상으로 높이지 않는 편이 좋습니다. 예를 들어 반 아이들의 관계가 바뀔 만한 이벤트를 하는 것입니다. 집단이 고정화되고 관계가 지나치게 강화되지 않을 만한 게 무엇일지 고민해보세요. 또 세로토닌 분비를 촉진하기 위해 야외 활동을 많이 하는 것도 좋습니다. 그 외에 어떤 방법이 있는지는 4장에서 구체적으로 살펴보겠습니다.

남자는 폭력적으로 여자는 교묘하게 괴롭힌다

그룹을 만드는 여자, 파벌을 만드는 남자

아이 엄마들끼리의 모임처럼 여성은 스스로 집단이나 그룹을 만드는 경향이 있습니다. 이런 모임에서 집단 괴롭힘이 쉽게 발생하는 것처럼 느끼는 이유는 여성의 옥시토신 양이 많기 때문인지도 모릅니다.

옥시토신은 본래 출산과 육아를 위해 분비되는 호르몬입니다. 여성은 출산과 육아를 겪는 동안 외부의 공격으로부터 자신과 아이를 무사히 지켜내기 어렵습니다.

그래서 안전을 위해 집단에 속하는 전략을 취합니다. 이를 위해 동료를 만드는 데 특화된 옥시토신이 활약합니다. 하지만 동시에 집단에서 제외될지도 모른다는 공포도 커집니다. 그래서 집단 내에서 자신의 위치를 위협할 수 있는 사람, 자신의 육아에 방해가 되는 사람은 집단의 힘을 이용해서 배제하려 합니다 그런 의미에서 가장 본능에 충실한, 호르몬이 활발해지는 환경이 엄마들 모임인지도 모릅니다.

그 반면 남성 집단은 파벌을 만들거나 히에라르키(hierarchie, 피라미드형의 계층 조직-옮긴이)로 조직되는 경우가 많습니다. 남성은 직책이나 연봉, 학력으로 위아래를 구분하려는 경향이 있기 때문입니다. 파벌끼리의 경쟁이 비일비재하고, 우열이나 순위를 매기고 싶어 하는 특징도 있습니다. 남성에게서 많이 분비되는 테스토스테론은 지배욕과 공격성을 강화하기 때문에 남들보다 위에 서고 싶거나 강한 조직에 속하고 싶은 마음이 큰 거죠. 이러한 특징은 남성이 가진 사회성 중 하나입니다. 자신이 속한 사회에서 지배적인 위치에 설수록 자신이나 가족, 집단을 지키기 쉽기 때문으로 보입니다.

정리하면 남성의 파벌은 히에라르키에 의해 성립되고, 여성의 그룹은 평등성과 동일성을 기반으로 만들어집니다. 테스토스테론 분비가 많은 남성 집단은 파벌적이고, 그에 비해 옥시토신 분비가 많은 여성 집단은 동료적이라고 할 수 있습니다. 이러한 이유로 남성 집단에서는 집단 괴롭힘이 '학대'의 형태로 나타나는 반면, 여성 집단에서는 '따돌림'이 자주 발생하는 것입니다.

남자를 키운 건 팔 할이 질투

저는 강연회에서 자주 남성과 여성 중 어느 쪽이 질투가 더 강하다고 생각하는지를 물어봅니다. 질투(嫉妬)의 한자에 '계집녀 변'이 있기 때문에 여성이 질투가 더 강할 거라고 생각하기 쉽지만 실제로는 남성이 더 강하다고 합니다. 왜 그럴까요? 남성이 '사회적 보수(報酬)'에 더 예민하기 때문입니다.

인간의 뇌에는 '보수계'라는 회로가 있고, 이곳이 활

동하면 도파민이 분비되고 강한 쾌감을 느낍니다. 식욕이나 성욕의 만족으로 느끼는 쾌감은 '생리적 보수', 월급을 받을 때나 투자로 이익이 났을 때 느끼는 쾌감은 '금전적 보수'라고 합니다. 그뿐 아니라 타인으로부터 칭찬이나 좋은 평가를 받아도 보수라고 느낍니다. 이처럼 사회적으로 평가받음으로써 느끼는 기쁨이 사회적 보수입니다. 예를 들어 직장에서 인정을 받거나 승진해서 얻는 기쁨은 단순히 월급이 올라서가 아니라 사회적 보수를 얻기 때문입니다.

사회적 보수는 인간에게 다양한 원동력이 됩니다. 그리고 경쟁에서 이기거나 타인에게 인정받은 후 얻는 사회적 보수는 여성보다 남성의 욕구가 더 강합니다. 여성이 대단하다고 치켜세우면 기분이 좋아져 더 열심히 하는 것도 인정받고 있다는 사회적 보수를 얻었기 때문입니다.

반대로 실직했을 때는 여성에 비해 남성이 더 크게 낙담합니다. 회사나 사회로부터 쓸모없는 인간이 되었다는 자괴감에 빠지기 때문입니다. 가끔 회사의 인재가 되기 위해 안쓰러울 정도로 일하는 사람을 본 적이 있을 것입니다.

남성 호르몬이 특히 높은 남성은 사회적 보수를 얻을 수 있을 때 도파민이 전두전야를 흥분시켜 의욕적인 모습을 보입니다. 그리고 직접적으로 자신의 이익이 되지 않는 일에도 사력을 다하는 경우가 종종 있습니다. 이것이 때로는 부정적인 사례에도 적용됩니다. 대표적으로 정당이나 기업 내 파벌 싸움, 혹은 조직폭력배들의 알력 다툼을 꼽을 수 있습니다.

최근 대만의 홍하이 정밀공업이 인수한 샤프의 속사정도 그랬습니다. 굴지의 대기업이었던 샤프가 심각한 경영 위기에 처한 원인은 내부의 파벌 다툼이었습니다. 샤프의 신임 사장으로 부임한 다이정우(戴正吳)는 2017년 3월 기자 회견에서 사장파와 부사장파가 대립해 싸우느라 샤프의 사업 관리가 엉망이었다는 사실을 밝혔습니다.

샤프의 주요 사업은 텔레비전 액정 패널과 태양광 발전용 패널 생산입니다. 이 두 가지 사업은 제조 공정상

정보를 공유하면 단가를 낮추고 수익을 높일 수 있었는데도 각각의 사업을 사장과 부사장이 나눠 관리했습니다. 개별 공장에서 제조하면서 정보도 공유하지 않았기 때문에 합리적으로 관리하지 못했던 것입니다.

기업 내에서 파벌을 만들거나 상대의 발목을 잡는 등 회사 전체에 부정적인 영향을 주는 이 같은 행동은 조직 안에서 인정받는다는 것, 강한 조직에 소속되어 있다는 것이 그만큼 남성에게 아주 중요하기 때문입니다.

이런 행동은 사회적 보수에 더 민감한 남성에게 많이 나타납니다. 물론 사회적 보수가 반드시 샤프 같은 안타까운 결과를 초래하지는 않습니다. 샤프의 경영난은 사원들이 사회적 보수를 기대하는 대상을 오해한 결과입니다. 만일 사원들이 자신이 속한 집단을 사장파나 부사장파가 아닌 샤프라는 회사로 생각했다면 상황은 많이 달라졌을 것입니다.

그 남자는 왜 과격해졌을까?

—

집단 내에서 배신자 색출 모듈이 작동해 대상을 제재하려 할 때는 그 반동으로 보복을 예측할 수 있습니다.

앞서 살펴본 것처럼 보복을 피하기 위해 위험 부담이 적은 대상을 선택해 집단 괴롭힘을 가하는 경향이 있지만, 규범을 유지하기 위해 배신자 색출 모듈이 작동하면 그렇지 않은 대상도 얼마든지 선택될 수 있습니다. 다시 말해 대상자 중에는 보복할 힘을 가진 사람도 있을 수 있습니다. 그래서 제재를 가할 때는 어느 정도 완력을 가진 사람이 적합합니다. 말하자면 우격다짐으로 일탈 행동을 저지하려는 전략입니다. 이때는 남성 쪽의 근력이 더 강하기 때문에 남성이 여성보다 우격다짐의 수행자로 적합합니다.

과거부터 폭력의 생크션을 담당한 것은 남성이었습니다. 요즘도 남성 쪽이 제재 행동에 대한 감정의 스위치를 더 쉽게 누릅니다. 그래서 더 과격해지고 제지하기도 어렵습니다.

이 같은 특성은 문제가 많아 보이지만, 집단을 지키기 위해서는 어중간한 제재보다 완수하는 편이 집단에 더 기여한다는 사정이 있습니다. 그래서 남성의 경우 부정적인 감정에서 비롯한 공격성에 신체적 강점이 더해져 집단 괴롭힘, 체벌, 상사의 갑질 등이 과격해지고, 때로는 폭력까지 동반하는 경우가 자주 발생합니다.

겉으로 웃으면서 칼을 숨기는 여자

완력 행사에 적합하지 않은 여성의 경우 제재 행동에 따른 보복과 앙갚음을 당할지도 모른다는 걱정이 있습니다. 따라서 상대가 제대로 파악할 수 없도록 익명화하는 경우가 많습니다.

또한 여성은 세로토닌 분비량이 적어 비교적 쉽게 불안을 느끼기 때문에 남성보다 미래에 있을 위험 부담을 더 민감하게 예측해 신중히 행동합니다. 여성이 남성보다 현실적이라는 말은 이 때문일 것입니다.

이처럼 여성은 제재 행동을 할 때도 보복당하지 않을

만한 교묘한 전략을 구사합니다. 그래서 인터넷 악플이
나 뒷담화, 당사자가 아니라 제삼자를 거론해 간접적으
로 공격하는 방법 등의 집단 괴롭힘 형태는 여성에게서
많이 나타납니다.

젊다는 죄로!

여성들의 세계에서는 신입 사원이 선배나 상사로부
터 더 자주 지적받거나 학부형이 젊은 여교사에게 잔소
리하는 일이 흔한 듯싶습니다. 같은 여성끼리는 젊음도
질투의 원인이 될 수 있기 때문입니다. 게다가 앞서 설
명했듯 서로의 유사성과 획득 가능성이 높을 때는 질투
심이 강해지죠.

학부형과 젊은 여교사가 같은 세대라면 학부형들 중
에는 여교사와 비슷하거나 그 이상의 학력을 가지고 사
회생활을 하는 사람도 많을 것입니다. 그런 경우 여교사
와 교양, 경력 면에서 유사성이 있고, 여교사의 일은 자
신도 얼마든지 할 수 있다는 획득 가능성도 높습니다.

반대로 이런 유사성과 획득 가능성을 낮추면 질투심을 존경심으로 바꿀 수 있습니다. 어떻게 하면 유사성과 획득 가능성을 낮출 수 있을까요? 그 해답은 4장에서 밝히겠습니다.

사이코패스는 남을 따라 웃지 않는다

앞에서 여러 번 말했듯 남성이 많은 직장에서는 질투심이 강해지기 쉽고, 질투의 대상이 실패했을 때 느끼는 기쁨(샤덴프로이데)도 커지기 쉽기 때문에 조직 내에서 서로 견제하는 경향이 있습니다.

하지만 집단에 귀속해도 집단 논리에 따라 움직이지 않거나 제재 행동을 해도 쾌감을 느끼지 못하는 사람들이 있습니다. 기본적으로 제재 행동은 개인의 이기심이 아니라 공공의 이익을 위해 행하는 '사회 정의'입니다. 그런데 사회 정의에 휘둘리지 않고 합리적으로 생각하는 사람들은 제재 행동을 해봤자 자신에게는 아무런 이득이 없다고 냉정하게 판단합니다. 그들에게 제재 행동이란 어디까지나 집단을 위한 것이지 자기 자신에게는 시간 낭비일 뿐이라고 생각합니다.

언뜻 어른스러운 사고라고 생각할 수 있지만 꼭 그렇게만 보기 어려운 이유가 있습니다. 이런 사람들은 뇌에 남다른 특징을 가진 사람들이기 때문입니다. 그들은 '사이코패스'입니다.

사이코패스는 본래 연쇄 살인범처럼 반사회적인 행동을 하는 인격을 설명하기 위해 만들어진 개념입니다. 최근에는 사이코패스가 잔인한 범죄자뿐 아니라 대기업의 CEO나 외과 의사처럼 결단력과 실행력이 요구되는 직업군에도 높은 비율로 존재한다는 연구 결과가 나왔습니다.

사이코패스는 타자에 대한 공감 능력, 고통이나 공포심 같은 감정이 보통 사람에 비해 약하다는 특징이 있습니다. 그 때문에 공포나 불안에 영향을 받지 않고 합리적인 판단을 내릴 수 있는 것입니다. 거꾸로 말하면 보통 사람들은 쉽사리 할 수 없는 비도덕적인 행동도 얼마든지 할 수 있습니다.

사이코패스는 대략 100명 중 1명꼴로 존재합니다. 사이코패스가 사회에 해악만 끼친다면 그들이 이렇게 높은 확률로 존재한다는 것은 설명하기 어렵습니다. 어쩌면 사이코패스의 성격을 띠는 존재도 인간이라는 종을 보존하기 위해 유익한 부분이 있는 건 아닐까요?

사이코패스에 대한 오해가 많지만, 인간의 향사회성이 부정적으로 표출된 집단 괴롭힘의 경우 반사회성이 높은 사이코패스에게는 흥미를 가질 만한 부분이 없을 것입니다.

우리가 친구였던 적이 단 한 번이라도 있었나

그의 죽음을 알리지 마라

——

이제부터는 일본의 교육 현장에서 집단 괴롭힘이 어떤 양상을 띠고 있는지 살펴보죠.

2011년 시가 현 오쓰 시에서 중학교 2학년 남학생이 집단 괴롭힘을 견디다 못해 자살한 사건이 큰 화제가 되었습니다. 일반적으로 '오쓰 시 중2 집단 괴롭힘 자살 사건'이라고 부릅니다.

당시 가해자들은 피해자의 몸을 결박하고 입에 접착

테이프를 붙인 채 폭행했고, 금전 요구나 도둑질을 시키는 등 가혹하게 괴롭혔습니다. 피해 학생은 교사와 상담을 했지만 학교는 집단 괴롭힘을 제대로 인지하지도, 적절히 대응하지도 못했습니다. 피해자가 자살하고 사건이 발각된 뒤에도 학교와 교육위원회는 '교육적 배려'라며 가해 학생들에 대한 청취 조사도 하지 않은 채 3주간의 조사를 서둘러 끝냈습니다. 집단 괴롭힘에 대한 학교 측과 오쓰 시 교육위원회의 부적절한 대응, 은폐가 문제되어 크게 보도되었던 것입니다.

이 사건을 계기로 2013년에 '집단 괴롭힘 방지 대책 추진법'이 시행됐습니다. 이로써 집단 괴롭힘이 법률적으로 정의되었고, 정부, 지방 자치 단체, 학교, 교원, 학부형 들이 집단 괴롭힘 방지에 책임을 지도록 명문화했습니다.

'집단 괴롭힘 방지 대책 추진법'에 따르면 집단 괴롭힘이란 다음과 같습니다.

'집단 괴롭힘'이란 아동 등에 대해 해당 아동 등이 재적한 학교에 함께 재적하고 있는 등 해당 아동 등과 일정한 인적 관계에 있는 다른 아동 등이 심적 또는 물적 영향을 주는 행위(인터넷을 통한 행위도 포함)이며, 해당 행위의 대상이 된 아동 등이 심신의 고통을 느끼는 것을 말한다.

2017년 3월에는 문부과학성이 '집단 괴롭힘의 중대 사태 조사에 관한 지침'(이하 지침)을 책정했습니다.

지침을 책정한 배경에는 '집단 괴롭힘 방지 대책 추진법' 시행에도 불구하고 자살 등의 중대 사태가 줄지 않은 데 대한 국가적인 우려가 있었습니다. 문부과학성은 그 원인으로 교육위원회와 학교 등 교육 현장에서 '집단 괴롭힘 방지 대책 추진법'에 발맞춘 대책을 강구하고 있지 않다는 것을 지적했습니다. 지침은 중대 사태기 발생하면 정확히 파악해 보고하도록 규정하고 있습니다.

그렇다면 여기서 말하는 '중대 사태'란 무엇일까요? '집단 괴롭힘 방지 대책 추진법'은 다음과 같이 정의하고 있습니다.

집단 괴롭힘의 중대 사태에 대한 정의

- 집단 괴롭힘으로 해당 학교에 재적한 아동 등의 생명, 심신 또는 재산에 중대한 피해를 주었다는 의심이 인정될 때.
- 집단 괴롭힘으로 해당 학교에 재적한 아동 등이 상당 기간 학교를 결석할 수밖에 없었다는 의심이 인정될 때.

그리고 지침은 "다시 말해 중대 사태는 사실 관계가 확인된 단계에서 중대 사태로 대응을 시작할 것이 아니라 '의심'이 생긴 단계에서 조사를 시작해야만 한다고

인식할 것"이라는 내용도 덧붙이고 있습니다.

중대 사태의 발생 보고에 대해서는 다음과 같이 명기돼 있습니다.

중대 사태의 발생 보고(발생 보고의 취지)

학교는 중대 사태가 발생했을 경우(집단 괴롭힘으로 피해가 발생했다는 의심이 인정될 때. 이하 동일), 학교 경영자를 통해 신속하게 지방 자치 단체 수장 등까지 중대 사태가 발생했다는 점을 보고할 의무가 법률상 정해져 있다. 이를 시행하지 않을 시, 법에 위반될 뿐만 아니라 지방 자치 단체 등에서 학교 경영자 및 학교에 대한 지도, 조언, 지원 등의 대응이 뒤처지게 된다.

오쓰 시의 사건에서는 피해 학생이 집단 괴롭힘을 당하고 있다고 담임 교사에게 상담을 했는데도 교사의 인지 부족으로 적절한 대응이 이루어지지 못했습니다. 또

한 피해 학생이 자살한 후에 학생들을 대상으로 실시한 설문에서 집단 괴롭힘이 있었다고 밝혀졌는데도 학교 측이 그 사실을 은폐했습니다.

'집단 괴롭힘 방지 대책 추진법'에도 학교는 반드시 집단 괴롭힘의 사실을 확인해야 한다고 명문화하고 있지만 구체적인 방법은 교육 현장에 맡기고 있기 때문에 각 지자체의 교육위원회나 학교마다 대책이 제각각입니다. 또한 집단 괴롭힘을 심각하게 인식하고 대응하려는 정도도 다릅니다. 그래서 피해 학생이 괴롭힘을 당하고 있다고 상담을 해도 학교가 적극적으로 대응하는 경우는 많지 않습니다. 그에 대해 지침은 피해 당사자나 보호자의 요청이 있을 경우 바로 대응해야 한다고 명시하고 있습니다.

피해 학생이나 보호자로부터 '집단 괴롭힘으로 중대한 피해가 발생했다'는 보고가 있을 때는 그 시점에서 학교가 '집단 괴롭힘의 결과는 아니다' 혹은 '중대 사태라고는 할 수 없다'고 판단하더라도 중대 사태가 발생한 것으로 가정해 조사를 실시할 것. 피해 학생이나 보호자로부터의 보고는 학교가 알지 못한 지극히 중요한 정보일 가능성이 있으므로 조사 없이 집단 괴롭힘의 중대 사태가 아니라고 단언할 수 없다는 점을 유의해야 한다.

거짓말과 말 바꾸기

———

지침이 책정된 지 한 달 후, 2017년 4월에 미야기 현 센다이 시에서 중학교 2학년 남학생이 집단 괴롭힘 때문에 자살한 사건이 일어났습니다. 그리고 또다시 학교와 교육위원회의 대응이 문제가 됐습니다.

사건 발생 사흘 후에 교육위원회는 처음 기자 회견을 열어 집단 괴롭힘이 있었다는 사실은 확실하지 않으며 그보다는 학생들 사이에 조금 문제가 있었다고 발표했습니다. 하지만 바로 다음 날 교육위원회의 교육장이 전날 발언을 뒤집어 집단 괴롭힘이 있었다고 인정했습니다. 교장도 같은 날 밤 학부형 설명회를 마치고 기자 회견에서 '집단 괴롭힘이라고 확실히 말했어야 했는데 그러지 못한 것을 반성하고 있다'고 밝혔습니다.

그리고 이 사건의 집단 괴롭힘은 상상을 초월하는 것이었다는 점이 드러났습니다. 여성 교사가 피해 학생의 입을 테이프로 붙인 적이 있었고, 자살 전날에는 남성 교사가 피해 학생의 머리를 주먹으로 때리는 등 가혹하게 폭행한 것입니다.

센다이 시에서는 이미 2014년과 2016년에도 다른 중학교에서 집단 괴롭힘을 견디다 못해 자살한 학생들이 있었고, 두 건 모두 학교와 교육위원회의 대응이 비판받은 바 있습니다.

왜 알면서도 쉬쉬하는 걸까?

센다이 시의 사례는 지침이 책정된 지 얼마 지나지 않아 발생한 사건이기 때문에 학교나 교육위원회가 지침을 제대로 파악하지 못했을 수도 있습니다. 그렇다고 해도 그들의 대응을 보면 집단 괴롭힘에 대한 '인지'와 '보고' 의지가 희박한 건 아닌가 생각합니다.

그림 8은 2017년 문부과학성이 발표한 '집단 괴롭힘의 인지(발생) 건수 추이' 자료입니다. 이 그래프를 보면 2015년에 전국 초, 중, 고등학교 등에서 집단 괴롭힘을 인지한 것은 225,132건으로 전년도를 상회해 사상 최대치가 되었습니다(전년도는 188,072건). 그러나 중대 사태 발생 건수는 314건뿐으로 전년도보다 밑돌았습니다(전년도는 449건). 이 같은 결과만 보아도 현실의 모순을 느낄 수 있습니다.

문부과학성은 집단 괴롭힘이나 중대 사태가 발생하면 교육 현장이 신속히 보고해주길 원할 겁니다. 그러나 문부과학성은 집단 괴롭힘의 인지 건수가 높아지는 게 좋다고 생각할까요? 줄어드는 게 좋다고 생각할까요?

집단 괴롭힘이 없는 편이 가장 바람직하지만 만일 있다면 빨리 보고하라는 지침은 모순적인 메시지입니다. 물론 '집단 괴롭힘이 없는 학교'는 학교의 목표로서 당

[그림 8] 집단 괴롭힘의 인지(발생) 건수 추이

	1985년	1986년	1987년	1988년	1989년
초등학교	96,457	26,306	15,727	12,122	11,350
중학교	52,891	23,690	16,796	15,452	15,215
고등학교	5,718	2,614	2,544	2,212	2,523
합계	155,066	52,610	35,067	29,786	29,088
	1994년	1995년	1996년	1997년	1998년
초등학교	25,295	26,614	21,733	16,294	12,858
중학교	26,828	29,069	25,862	23,234	20,801
고등학교	4,253	4,184	3,771	3,103	2,576
특수학교	225	229	178	159	161
합계	56,601	60,096	51,544	42,790	36,396
	2006년	2007년	2008년	2009년	2010년
초등학교	60,897	48,896	40,807	34,766	36,909
중학교	51,310	43,505	36,795	32,111	33,323
고등학교	12,307	8,355	6,737	5,642	7,018
특별지원학교 (특수학교)	384	341	309	259	380
합계	124,898	101,097	84,648	72,778	77,630
	2013년	2014년	2015년		
초등학교	118,748	122,734	151,692		
중학교	55,248	52,971	59,502		
고등학교	11,039	11,404	12,664		
특별지원학교	768	963	1,274		
합계	185,803	188,072	225,132		

주1) 1993년까지는 공립 초, 중, 고등학교를 조사. 1994년부터는 특수학교, 2006년부터는 국립학교, 사립학교, 중등교육학교를 포함.

주2) 1994년과 2006년에 조사 방법 등을 수정함.

주3) 2005년까지는 발생 건수, 2006년부터는 인지 건수 표기.

주4) 2013년부터는 고등학교에 방송통신고등학교를 포함.

출처 2015년도 〈학생의 문제 행동 등 학생 지도상의 모든 문제에 관한 조사〉(2017년 2월 28일 공표. 문부과학성 초등중등교육국 아동학생과)

			(건)
1990년	1991년	1992년	1993년
9,035	7,718	7,300	6,390
13,121	11,922	13,632	12,817
2,152	2,422	2,326	2,391
24,308	22,062	23,258	21,598

1999년	2000년	2001년	2002년	2003년	2004년	2005년
9,462	9,114	6,206	5,659	6,051	5,551	5,087
19,383	19,371	16,635	14,562	15,159	13,915	12,794
2,391	2,327	2,119	1,906	2,070	2,121	2,191
123	106	77	78	71	84	71
31,359	30,918	25,037	22,205	23,351	21,671	20,143

2011년	2012년
33,124	117,384
30,749	63,634
6,020	16,274
338	817
70,231	198,109

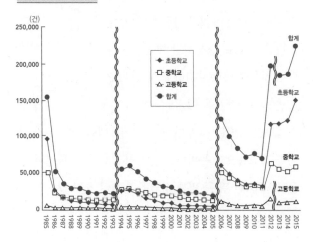

연한 것이죠. 하지만 '집단 괴롭힘 제로'를 목표로 한다는 것은 집단 괴롭힘이 절대 있어서는 안 된다는 뜻입니다. 그래서 집단 괴롭힘이 엄연히 존재해도 학교는 집단 괴롭힘이라고 인정하는 것도, 중대 사태라고 인정하는 것에도 신중해질 수밖에 없습니다.

학교는 솔직히 집단 괴롭힘이 있어도 없는 걸로 하고 싶을 것입니다. 집단 괴롭힘을 보고하면 학교 평가도 내려가고 교원 평점 등에도 영향을 줍니다. 그리고 조사 실시, 보고서 작성, 보호자 설명회 등 업무도 늘어납니다. 게다가 가해 학생이나 보호자들이 범죄자 취급에 반발해 오히려 적반하장으로 학교에 항의하는 경우도 많아 학교로서는 골치가 아플 것입니다.

담임 교사도 반에 집단 괴롭힘을 당하는 아이가 있다면 그것을 곧바로 보고하고 싶을까요?

담임이 학생들을 제대로 지도하지 못해 그런 일이 생겼다고 평가받는 게 두려워 반 아이들끼리 벌인 도가 지나친 장난쯤으로 무마하고 싶을지 모릅니다. 학생과 처음 상담을 한 뒤 두 번째 상담을 받으러 오지 않으면 집단 괴롭힘이 끝났다고 생각하고 싶은 마음도 있겠죠.

담임 교사에게는 피해자도 가해자도 똑같이 자신의 학생입니다. 집단 괴롭힘은 보통 피해 학생보다 가해 학생의 수가 많죠. 집단 괴롭힘을 조사하게 되면 자신의 반 대다수 학생들과 그들의 보호자를 적으로 돌리게 될 수도 있습니다.

즉, 학교나 교사 모두 집단 괴롭힘을 제대로 밝히고 뿌리 뽑으려는 의지가 애당초 약한 것입니다. 아무리 피해 당사자나 보호자가 호소해도 그들에게는 집단 괴롭힘이 아니라 애들 장난이었으면 좋겠다, 주의만 주고 끝내고 싶다는 마음이 있기 때문에 상황을 명확히 파악하지 않습니다. 또 '집단 괴롭힘'도 '집단 괴로움' 같은 말로 바꿔 표현하며 현실을 회피하기도 합니다.

이것은 요코하마 시의 어린이집 입소 대기 문제도 마찬가지입니다. '입소 대기 아동 제로'의 이면에는 맡길 곳이 없어 어쩔 수 없이 육아 휴직을 연장한 부모나 자택에서 구직 중인 부모의 아이는 입소 대기 아동으로 헤아리지 않거나 '입소 보류 아동'으로 명칭을 바꿔 통계에 넣지 않은 것뿐입니다. 사실상 입소 대기 아동이 존재하는데도 서류상으로는 '입소 대기 아동 제로'가 달성된 것이죠.

이런 문제에서 교사나 학교만 탓할 수는 없습니다. 학교가 집단 괴롭힘을 보고해도 득이 될 게 하나도 없는 환경 자체가 문제입니다. 교육 행정 말단에 있는 일선 교사에게는 집단 괴롭힘을 인지하고 보고하는 것이 자신의 감점 요인을 보고하는 것이나 마찬가지입니다. 또한 후속 조치도 자신이 책임지고 해야 하기 때문에 윗선에 보고하는 것이 쉽지 않을 것입니다.

그런 의미에서 문부과학성은 지침만 내려보낼 게 아니라 실제로 그것을 활용해야 하는 교육 현장 관계자들에게 동기 부여가 될 만한 시스템을 갖출 필요가 있습니다.

방관자가 득을 보는 사회

집단 괴롭힘의 가해자 주위에는 늘 방관자들이 있습

니다. 그중 한 명이라도 빨리 집단 괴롭힘을 신고한다면 사태도 그만큼 빨리 해결될 거라고 생각할 수 있습니다. 그리고 방관자는 가해자와 똑같다고 생각하는 사람도 있겠죠.

그림 9는 후생노동성(厚生労働省, 우리나라의 보건복지부와 고용노동부에 해당한다-옮긴이)이 학급에서 집단 괴롭힘을 목격했을 때 어떻게 대응할지를 조사한 자료입니다. 초등학교에서 중학교로 넘어가면 그만하라고 말리거나 선생님에게 알린다는 아이의 수가 감소하고, 아무것도 하지 않겠다는 방관자의 비율이 증가하는 것을 알 수 있습니다.

이런 결과는 어쩌면 당연할지도 모릅니다. 집단 내에서 신고자는 미움받기 딱 좋은 유형입니다. 게다가 자신도 표적이 될 위험이 있으므로 신고는 여러모로 손해 보는 행위입니다. 특히 일본은 조심성이 많은 나라이니 그것이 설령 정의로운 행동이라 해도 쉽사리 하지 못합니다.

리더십이 있는 사람을 신뢰하는 나라나 문화권에서

[그림 9] **학급의 누군가가 다른 아이를 괴롭히는 것을 보았을 때 대응 비율**

(단위 : %)

대응	2004년	2009년						
		총수	남	여	초5~6	중학생	고등학생 등	기타
총수	100.0	100.0	100.0	100.0	100.0	100.0	100.0	-
그만하라고 말린다	18.0	16.9	21.6	11.6	24.1	13.4	15.1	-
선생님에게 알린다	21.4	25.7	26.1	25.3	39.7	25.1	14.8	-
친구에게 의논한다	36.2	36.4	25.9	48.0	22.1	39.7	44.3	-
아무것도 하지 않는다	24.4	21.0	26.3	15.1	14.1	21.8	25.8	-

주) '고등학생 등'이란 '고등학교 재학생'과 '고등학교에 준하는 각종 학교의 재학생'의 합계이다.
출처 후생노동성 〈2009년도 전국 가정 아동 조사〉

후생노동성 조사에 따르면 집단 괴롭힘을 목격했을 때 선생님에게 알린다는 아이는 초등학생에서 중학생, 고등학생으로 올라감에 따라 그 수가 줄고, 아무것도 하지 않겠다는 아이의 비율은 반대로 늘어난다. 다시 말해 나이가 들수록 방관자가 되는 아이가 많아지는 것이다.

는 중재를 잘하는 사람이 성공한다고 생각합니다. 그래서 커뮤니케이션 능력을 높이는 교육도 실시하죠. 그러나 일본은 침묵은 금이라는 말이 있듯이 중재하기보다는 방관하는 사람이 가장 득을 보는 사회입니다.

일본에서 집단 괴롭힘이 격화되는 원인 중 하나는 동조 압력이라는 향사회성입니다. 동조 압력은 교사조차도 방관자로 만들 수 있을 정도로 강력한 기제입니다. 다들 집단 괴롭힘에 동참하고 있으니 나도 참여하지 않으면 다음엔 내가 표적이 된다, 또는 모두 못 본 척하는데 내가 굳이 위험을 무릅쓰고 신고하느니 다른 사람들처럼 똑같이 행동하자며 자기방어적이 되는 것입니다.

누군가를 배제하려는 현상은 일본뿐 아니라 어디에서나 일어납니다. 하지만 그것이 비참한 사건으로 이어지느냐 아니냐에는 큰 차이가 있습니다. 일본에서는 이 동조 압력이 불쏘시개가 되어 집단 괴롭힘이 더욱 격렬해진다고 말할 수 있습니다.

4장

괴롭히지도 괴롭힘당하지도 않는 삶을 꿈꾼다

—

차별과 혐오로부터
나를 지키는 법

4장

**괴롭히지도
괴롭힘당하지도
않는 삶을 꿈꾼다**

질투심을 사전 차단하라

엄마 모임에서 왕따가 생기거나 젊은 여직원, 여교사를 같은 여자 동료나 학부형이 트집을 잡는 것은 동성(同性)이기 때문입니다. 같은 여성끼리는 서로 시기와 질투의 대상이 되기 쉽죠. 상호 간에 유사성과 획득 가능성이 높으면 질투심이 강해진다는 말은 앞에서도 했습니다.

질투심은 인간의 본능적인 감정이므로 거기에 대적하려 하면 역효과만 일어납니다. 가장 좋은 방법은 상대가 가능한 한 질투심을 품지 않도록 유사성과 획득 가능성을 낮추는 것입니다. 유사성을 낮추는 방법 중 하나는 외모나 말투 등에서 젊음과 여성스러움이 덜 느껴지도록 하는 것입니다. 예를 들어 머리를 짧게 자르는 것이죠. 애교 섞인 목소리는 나이 어린 티를 낸다고 생각해 동성에게 반감을 사기 쉽습니다. 자신의 목소리가 높은 편이라면 가능한 낮은 목소리로 차분히 말하면 좋습니다.

이렇게까지 해야 하나 싶을지 모르지만 질투심은 다루기 아주 까다로운 감정입니다. 애당초 질투심이 생기지 않도록 하는 것이 삶의 지혜라고 생각하면 어떨까요.

포로가 아니라 프로가 되라

———

다음으로는 획득 가능성을 낮추는 방법입니다. 가장 좋은 방법은 '저 사람에게는 상대가 안 된다'고 생각하게 만드는 것입니다. 이 일이나 분야에 관해서는 내가 프로라는 것을 강하게 어필하면 좋습니다. 예를 들어 자신이 교사라면 학부형이 자신을 신뢰하지 못하거나 강하게 불만을 제기할 때 '예전에는 ○○가 상식이었지만 최근 연구 결과는 △△라고 합니다'처럼 구체적인 자료를 제시해 논리적으로 반론하는 것입니다.

학부형의 불만이나 질문에는 어느 정도 유형이 있는 것 같습니다. 그런 유형을 선배 교사들에게 물어 미리 연습해보는 것도 추천합니다.

간혹 교사만 탓하려는 학부형도 있을 것입니다. 그런 경우에도 최신 연구 결과를 보여주면서 누군가 한 사람에게 책임 지우려는 분위기를 자연스럽게 바꿔 더욱 발전적인 논의로 유도해야 합니다. 또한 학생들을 위해 학교가 해야 할 역할과 가정이 해야 할 역할을 명확히 설명하고, 학교에 관해서는 전문가인 교사에게 맡기도록 협조와 이해를 구하면 좋을 것입니다.

때로는 약한 척도 할 줄 알아야 한다 – 언더독 효과

질투를 피하기 위해서는 상대에게 '내 영역을 침범하지 않을 것 같다', '적이 되지 않을 것 같다'는 인상을 주는 것도 효과적입니다. 일부러 자신의 약점이나 단점을 살짝 노출하면 좋습니다. 굳이 자신의 콤플렉스까지 드러낼 필요는 없습니다. 놀림을 받아도 적당히 웃어넘길 수 있는 정도의 약점이면 됩니다. 이런 방법을 심리학에서는 '언더독 효과(상대방에게 자신의 배를 보여주는 것)'라고 합니다.

최근 도쿄 도지사 선거 때 화제가 되었던 고이케 유리코(小池百合子) 지사의 대응이 좋은 예입니다. 화장이 진하다는 비난에 대해 그녀는 스스로 얼굴에 반점이 있다고 고백했습니다. 태어날 때부터 예쁘고 똑똑한 여성은 그 자체로 타인의 질투를 살 수 있습니다. 하지만 그녀는 태어날 때부터 얼굴에 반점이 있어서 화장을 진하게 해야 한다고 본인의 약점을 공개해 여성 유권자들의 호감을 얻었습니다.

엄마 모임에서는 자신은 아이들한테는 인기가 많은데 남자들한테 인기가 없다거나 친정이 가난하다는 말을 해도 괜찮고, 회사 동료들에게는 상사 비위를 못 맞춰서 출세는 꿈도 안 꾼다고 어필해도 좋습니다. 상대가 질투할 수 있는 부분이 나에게는 하나도 없다는 것을 (물론 창작은 하지 않는 편이 좋습니다) 스스로 보여주는 게 가장 효과적입니다.

거리를 두어야 비로소 보인다

—

직장 내 인간관계가 어렵고 아무리 조심해도 자기중심적이라는 말을 듣거나 늘 괴롭힘을 당해 고민하는 사람도 있을 것입니다.

누구와도 문제가 없고 모든 사람과 원만한 관계를 유지하는 사람은 없습니다. 사회생활을 하면 한두 명은 자신과 맞지 않은 사람이 있게 마련입니다. 그리고 대개 내가 상대를 버거워하면 상대도 나를 거북해합니다.

특히 아직 젊으면 상대가 왜 나를 마음에 들어 하지 않는지, 어떤 점이 문제인지 파악하기 어려울 수 있습니다. 그것은 '내 감각'과 '타인의 감각'이 기준부터 다르다는 걸 깨닫지 못했거나 상대의 시선이 나의 어디를 향하고 있는지 눈치채지 못한 탓입니다.

가치관은 사람마다 다르기 때문에 원만한 인간관계를 위해서는 상대와 적당히 거리를 두면서 그 사람의 가치관을 알아가야 합니다. 여기에는 경험이 필요한데, 아직 경험이 축적되지 않은 동안에는 실패를 거듭하면서 조금씩 배워갈 수밖에 없습니다.

관계의 비밀은 메타인지력에 있다

———

젊을 때는 실패해도 괜찮다고들 하니 인간관계도 그렇고 일도 마음껏 도전해보고 싶을 겁니다. 하지만 최대한 적은 만들고 싶지 않겠죠.

직장 내 모든 사람과 사이좋게 지낼 수는 없고, 또 그럴 필요도 없습니다. 하지만 미움을 받더라도 더 악화되지 않는 방법, 왕따나 상사의 괴롭힘 등 필요 이상의 공격을 피할 수 있는 방법은 알아두는 게 좋습니다.

인간관계를 개선하기 위해서는 '메타인지력'을 높이는 것이 효과적입니다. 메타인지력은 자기 자신을 객관화하는 능력입니다. 풀어서 설명하면 자기 자신을 지금까지와는 다른 각도로 관찰한 후 자신의 행동에 대해 생각해보거나 제어하는 것입니다. 나는 어떤 종류의 사람인지, 주변 사람들은 나를 어떻게 바라보고 생각하는지, 내 발언을 주변 사람들이 어떻게 받아들이는지 등을 생각해 말과 행동에 반영하는 것입니다. 더 나아가 나를 미워하는 사람(직장 상사 등)이 좋아하는 사람은 누구인지 관찰해 그 사람의 행동을 분석하는 것도 좋습니다.

그렇게 하면 상대가 '좋아하는 유형'과 '싫어하는 유형'의 차이점을 알 수 있습니다. 진지한 건 좋아하지만 너무 꼼꼼한 사람은 싫어한다든지, 요령만 좋은 사람은 아니꼬워한다든지 하는 일반적인 감각과는 다른 그 사람만의 기준이 있을 겁니다. 물론 자신을 그 기준에 억지로 끼워 맞출 필요는 없습니다. 다만 그 사람의 기준을 알면 나의 어디가 그 기준에 어긋나는지 깨닫게 되어 적절한 관계를 유지할 방법을 찾을 수 있습니다.

거북한 상대와 무리해서 친해지려 하지 않고, 적절한 거리를 유지하면서 서로 피해를 주지 않는 '60퍼센트의 관계'를 지향한다는 마음으로 대응하면 좋을 것입니다.

생트집에 대처하는 우리의 자세

———

불필요하게 시비를 걸거나 집요하게 트집을 잡는 사람 때문에 고민하는 경우도 많을 것입니다. 이렇게 도가 지나치게 상대를 몰아붙이고 질책하는 것도 집단 괴롭힘과 같습니다.

2009년 간행된 『일본 고충 백서』에는 직장 생활의 고충이 증가하는 상황을 잘 보여주는 자료가 실려 있습니다. 그것은 클레임 대응 어드바이저 세키네 신이치(関根眞一)가 일본 전국의 다양한 직업 종사자들을 설문 조사한 결과입니다.

이 조사에 따르면 최근 직장에서 고충이 늘고 있는지 묻는 질문에 '그렇다'고 답한 사람이 전체 응답자(약 5,000명) 가운데 40퍼센트였습니다. 고충이 늘고 있다고 답한 사람의 직장은 1위가 교육(53.7퍼센트), 2위가 병원(50.8퍼센트), 3위가 행정(41.1퍼센트) 관련순이었습니다(그림 10 참조).

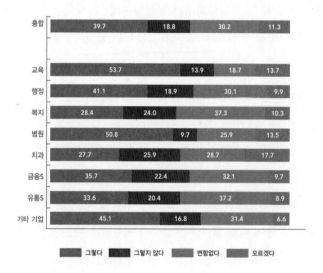

[그림 10] **고충에 대한 심리 분석 그래프**

Q : 최근 자신의 직장에서 고충이 늘고 있다고 생각하십니까? (직종별 설문 결과)

직종	그렇다	그렇지 않다	변함없다	모르겠다
총합	39.7	18.8	30.2	11.3
교육	53.7	13.9	18.7	13.7
행정	41.1	18.9	30.1	9.9
복지	28.4	24.0	37.3	10.3
병원	50.8	9.7	25.9	13.5
치과	27.7	25.9	28.7	17.7
금융S	35.7	22.4	32.1	9.7
유통S	33.6	20.4	37.2	8.9
기타 기업	45.1	16.8	31.4	6.6

출처 『일본 고충 백서』 도표 6-I-1
주) 총 응답자 : 4,984명

"담임 선생이 하는 짓이 용서가 안 된다. 사죄해라."

"우리 아이에게는 맞지 않으니까 담임을 바꿔달라."

학교나 교육위원회에는 날마다 이런 비상식적인 불만 사항이 들어오는 모양입니다. 이런 말도 안 되는 불만으로 교사에게 갑질을 하는 학부형 때문에 정신적으로 혹사당해 휴직하는 교사들도 있습니다.

이런 생트집과 시비는 열심히 일하기만 한다고 저절로 해결되는 문제가 아닙니다. 그렇다면 가장 좋은 대응은 무엇일까요?

다시 『일본 고충 백서』로 돌아가 해결책을 찾아봅시다. 고충에 대한 감각에는 남성과 여성에게 다른 차이가 있는 듯합니다. 보통 트집을 잡는 사람이 자주 하는 말이 '성의를 보여라'는 것입니다. 이때의 '성의'가 무엇이라고 생각하는지 묻는 질문에 남성은 '정직'이라고 답한 사람이 28.4퍼센트로 가장 많았고, 여성은 '경청'이라고 답한 사람이 25.2퍼센트로 가장 많았습니다.

이를 바탕으로 남성이 트집을 잡을 때는 최대한 정직하게 말하고 있다는 인상을 주는 게 적절한 대응이라고

할 수 있습니다. 예를 들어 남성 학부형이 왜 내 아이는 이렇게 해주지 않았느냐고 따질 때, 그 요청이 자신의 능력을 뛰어넘는 것이라면 솔직하게 털어놓는 게 좋습니다. 복어조리기능사 자격증도 없는 사람이 부탁을 받았다고 해서 복어를 손질했다가 상대가 복어 독으로 죽으면 되돌릴 수 없는 사태가 되겠죠. 자신이 할 수 있는 일과 할 수 없는 일이 무엇인지 평소 잘 파악하고 있어야 합니다.

특히 책임감이 강해 문제를 혼자서만 끌어안고 끙끙대는 성격이라면 주의할 필요가 있습니다. 모든 일을 스스로 해결하려 하지 말고 자신이 교사라면 가정과 학교, 기타 기관의 역할을 잘 구분해 처리해야 합니다. 관리직과 담임 교사의 역할도 따로 있으니 관리직이나 외부 기관에 맡겨야 할 일까지 떠안아서는 안 됩니다.

또한 현 단계에서 딱히 대응할 방도가 없을 때는 '이 과제는 현재 각 학교와 교육계에서 논의 중인 단계'라고 현재 상황을 솔직하게 전하는 편이 상대의 이해를 도울 수 있습니다. 이 역시 상대방에게 자신의 배를 보여주는 언더독 효과의 응용입니다. 업계나 자신도 해결책을 찾아가고 있는 중이라는 걸 투명하게 공개하고 '우리 학교에서는 이런 이유 때문에 이런 방침을 세우고 있다'고 이유와 함께 설명하는 것이 좋습니다.

공감이 불만을 잠재운다

상대가 여성이라면 이야기를 끝까지 듣고 무엇 때문에 불안해하는지 '공감'하는 것이 좋습니다. 이는 여성이 남성에 비해 세로토닌의 합성률이 낮기 때문에 불안함을 더 잘 느낀다는 특성을 고려한 대응책입니다. 여성이 표출하는 불만 중 대부분은 그 이면에 불안이 있습니다.

예를 들어 학부형이 교사나 학교를 불신할 때는 자신의 아이가 학교에서 업신여김을 당하는 건 아닐까 하는 피해 의식이 있는 경우도 많은 것 같습니다. 특히 여성은 가족 간에도 누군가 자신을 괄시하거나 홀대한다고 느끼면 분노가 폭발하는 경우가 많습니다. 즉, 학부형은 마음속으로 자신의 아이가 다른 아이들에 비해 푸

대접을 받는 건 아닌지 걱정하고, 자신이 학교에 항의를 하는 게 효과적일지 모른다는 생각을 갖고 있을 수 있습니다. 이런 경우에는 제일 먼저 상대의 자녀가 학교에서 제대로 대우받고 있다는 사실을 구체적으로 전달해야 합니다.

병원에서도 이런 일은 흔합니다. '담당 의사가 다른 환자만 보고 내 가족은 잘 봐주지 않는다'는 불만 사항에 대해서는 치료 계획표를 보여주면서 지금 단계에서 할 수 있는 치료법을 성의 있게 설명하면 상대도 이해하기 쉬울 것입니다.

상대가 학부형이라면 '자녀분은 다른 아이들에 비해 ○○이 우수합니다. △△에 대해서는 더 지켜보는 게 좋겠습니다. 너무 부담을 주면 본인에게 좋지 않으니 지금은 잘 지켜보는 게 좋겠습니다'는 말로 교사만이 알 수 있는 학생의 장점을 말해주고 앞으로의 지도 계획을 알려주면 상대도 안심할 겁니다.

중요한 것은 상대방이 안심할 수 있는 포인트를 미리 알아두는 거죠. 불만 사항 하나하나에 많은 시간을 허비

할 필요는 없습니다. 이런 유형의 사람은 이런 일로 불안을 느끼니 이렇게 대응하자는 식으로 유형별 맞춤 포인트를 습득해두는 게 좋습니다.

표현한다면 어서티브하게!
───

앞으로는 커뮤니케이션 능력이 가장 필요한 시대가 될 것입니다. 이미 학력만으로는 살아가기 어려워졌습니다. 인간의 계산 능력은 계산기나 컴퓨터에 밀린 지 오래고, 곧 인간이 하던 일을 인공지능과 로봇이 대체하게 될 것입니다. 따라서 앞으로는 사회생활과 생존에 직결된 커뮤니케이션 능력이 더욱 중요해질 것입니다.

자신의 의견만 주장하는 게 아니라 상대방의 의견도 존중하면서 솔직하게 자신의 견해를 펼치는 자세를 '어서티브(assertive)'라고 하는데, 사람들은 대부분 이것에 매우 서툽니다. 논리 정연하게 자신의 정당성을 주장해 상대를 이해시키고, 상대의 반론은 자연스럽게 넘어가거나 조리 있게 반박할 수 있는 능력은 집단 괴롭힘에 대한 대응에도 활용할 수 있습니다. 또한 다양한 가치관을 가진 다국적의 사람들과 일할 때도 상당히 도움이 될 것입니다.

잘하고 싶다면 잘 따라 하라

——

어서티브에 적합한 커뮤니케이션 능력을 익히기에 가장 좋은 바이블은 연예인들의 화술입니다. 특히 입담이 좋은 연예인은 대화를 리드하는 능력이 뛰어나고, 정색하며 꼬투리를 잡는 사람도 쉽게 웃어넘기거나 오히려 되받아치곤 합니다.

진지한 사람이라면 어떤 부분이 중요한지 모를 수 있습니다. 그러나 일단 연예인들의 커뮤니케이션을 꼭 따라 해보길 권합니다. 그 능력을 익힐 때는 따라 하는 게 가장 빠르기 때문입니다. 습득에 왕도가 있다면 좋은 사례를 많이 찾아보고 그대로 흉내 내는 것입니다.

인간의 두뇌에는 '거울 뉴런'이라는 신경세포가 있습니다. 이것은 타인의 행동을 보기만 해도 자신이 움직일

때와 똑같이 반응하는 세포입니다.

예를 들어 누군가가 울면 자신도 같이 울게 되는 경우가 있습니다. 이렇게 덩달아 우는 현상은 우는 사람을 보았을 때 거울 뉴런이 작동하여 상대의 뇌 활동 패턴을 복사하기 때문에 일어납니다.

누군가를 흉내 낼 때도 거울 뉴런을 사용해 그 사람의 뇌 회로를 복사하는 일이 가능합니다. 다시 말해 연예인의 화술을 흉내 내면 그 사람의 커뮤니케이션 능력도 조금씩 복사할 수 있는 것입니다. 인간은 이렇게 모방 능력이 뛰어난 동물입니다.

굳이 인기 있는 연예인을 따라 할 필요는 없습니다. 연예인도 다양한 유형이 있으니 자신과 비슷한 연예인을 찾아 관찰하거나 흉내 내보는 것은 어떨까요.

나는 괴물이 되지 않겠다 - 아이를 위한 대처법

너는 존재감 있는 아이야

세로토닌을 설명할 때 언급했듯이 6월과 11월은 학급이 붕괴하기 쉬운 시기입니다. 5~6월, 10~11월은 일조량이 줄기 때문에 세로토닌 합성량이 불균형을 이뤄 감정 기복이 심해집니다. 게다가 운동회나 특별 활동 등이 끝난 이후라 반 분위기도 어수선하고 아이들 사이에서 문제가 일어나는 경우도 많은 듯싶습니다.

운동회나 학습 발표회 같은 행사에는 평소 공부를 잘

하지 못하던 아이도 활약할 기회가 생깁니다. 다른 때는 존재감이 없던 아이도 사회적 보수를 얻을 수 있는 절호의 기회인 셈이죠. 하지만 다시 일상으로 돌아가면 더 이상 사회적 보수를 맛볼 수 없게 됩니다. 그때부터 일종의 금단 현상이 일어나 자신을 주체하지 못해 난폭하게 굴거나 다른 아이를 공격할 수도 있습니다. 그럴 경우 활용할 수 있는 방법 두 가지를 소개하겠습니다.

첫째, 대상이 초등학교 고학년이라면 학교 행사는 통과점일 뿐이라는 사실을 정확하게 알려주는 것입니다.

특별한 행사의 즐거움도, 끝난 후에 느끼는 허무함도 아이들에게는 모두 소중한 경험입니다. 학교생활뿐 아니라 인생도 그렇게 이어집니다. 이벤트나 프로젝트가 끝나면 거기에서 모든 게 끝이 아니라 다음 날부터 일상은 계속되고, 언젠가 또 특별한 이벤트가 찾아옵니다. 그런 특별한 하루는 통과점이 될 수밖에 없다는 것을 아이들이 깨닫도록 해줘야 합니다. 아이들이 그 사실을 이해할 수 있다면 스스로 들뜬 마음을 점점 가라앉히고 내년에는 더 열심히 하겠다는 다짐으로 다음을 기약할 수 있을 것입니다.

둘째, 다른 즐거움이나 사회적 보수를 주는 것입니다. 예를 들어 학급 활동에서 새로운 순서나 역할을 부여해 다른 목표나 사회적 보수에 매진하도록 하는 것이죠.

단, 즐거움이나 사회적 보수가 어떤 건지는 사람마다 다릅니다. 교사 한 명이 반 아이들을 개별적으로 지원할 수는 없습니다. 아이의 적성에 맞는 지역 대회에 참가하도록 권하거나 관련 분야에 전문 지식이 있는 다른 교사를 소개해주는 것이 좋습니다.

반대로 학급 내에는 행사에 적극적으로 참여하지 못해 풀 죽은 아이도 있을 것입니다. 그런 아이에게는 '축제 분위기에 휩쓸리지 않고 평소처럼 생활하는 모습이 너무 차분하고 어른스럽다'든지 '○○이/가 응원해서 다들 더 열심히 하더라'고 그 아이만의 재능을 칭찬해주세요.

뭔가 도움이 되었다는 자기 긍정감을 북돋아주면 아이는 그 에너지를 다음 활동에 이용해 한층 성장할 것입니다.

너무 진지하면 평화가 도망간다

—

학교 동아리 중 집단 괴롭힘이 가장 많이 발생하는 동아리는 무엇일까요?

교육평론가인 오기 나오키(尾木直樹)가 '동아리 중에서도 특히 집단 괴롭힘이 많은 동아리가 따로 있다'고 해서 저도 놀랐습니다. 그중에서도 집단 괴롭힘이 가장 많이 일어나는 동아리는 관현악부였습니다.

관현악부는 같은 공간에서 함께 있는 시간이 길고, 전원이 소리를 맞춰야 하기 때문에 집단의 목표가 뚜렷합니다. 그 때문에 화합을 흩뜨리는 사람은 쓸모없는 존재가 되기 쉽습니다. 중학교 때 많이 하는 합창 대회만 하더라도 반 전체가 하나가 되어 연습해야 하기 때문에 그 과정에서 의견 조율이 안 되거나 연습에 빠지거나 하면 집단 괴롭힘으로 이어지게 되는 듯합니다.

앞에서 살펴본 사와다 마사토의 조사 결과, '규범의식이 높은 집단일수록 집단 괴롭힘이 일어나기 쉽다'는 자료만 보아도 합주나 합창은 집단 괴롭힘이 발생하기 쉬운 구조를 가지고 있습니다.

다른 사람들과 소리를 맞추지 못하거나 혼자만 페이스가 다른 사람은 집단에 방해가 될 수밖에 없기 때문입니다. 더구나 승패에 연연하면 전체가 한마음, 한뜻으로 움직이길 바랍니다. 특히 동아리 지도 교사나 담임 교사가 우승에 집착하면 다른 아이들과 똑같이 해내지 못하는 아이를 모자란 아이로 취급하는 경향이 있고, 거기에서 집단 괴롭힘이 싹트곤 합니다.

사이가 좋고 오랜 시간 한 장소에서 함께할수록, 그리고 유사성과 획득 가능성이 높은 인간관계일수록 집단 괴롭힘이 일어나기 쉬운 딜레마에 대해서는 앞에서도 설명했습니다. 이는 옥시토신 때문에 발생하는 현상이지만 이런 메커니즘을 알아두면 해결의 실마리도 찾을 수 있습니다.

눈에서 멀어지면 마음에서도 멀어진다

━━

동료 의식이 지나치게 강하고 관계가 깊기 때문에 발

생하는 집단 괴롭힘을 예방하려면 인간관계를 너무 깊지 않게, 한마디로 말해 통풍이 잘되도록 하는 게 좋습니다. 즉, 인간관계에 유동성을 높여 같은 사람과의 거리가 너무 가까워지지 않도록 하는 것입니다. 또한 개인과 개인의 관계는 괜찮지만 집단화는 너무 강조하지 않아야 동료 의식 때문에 생겨나는 배제 행위를 줄일 수 있습니다.

집단 내 인간관계의 농도를 흐리게 하면 끼리끼리 모여 생기는 배제 감정도 완화할 수 있습니다. 예를 들어 자주 팀을 바꾸거나 다른 집단과 경쟁을 통한 교류가 아니라 우호적인 교류 기회를 자주 갖는 것입니다. 학급 제도 내에서는 자주 반을 바꾸는 게 어려울 수 있습니다. 그럴 때는 교과별 능력에 따라 분반을 하거나 매일 자리를 바꾸는 등 공간적으로 변화를 주는 것이 효과적입니다. 또한 인간관계에 변화를 줄 수 있는 구조를 만들어도 좋겠죠.

물론 이런 시도들은 학급의 존재 의미를 부정하는 게 아니냐는 지적도 있을 수 있습니다. 하지만 교실이라는 좁은 공간에 유사성이 높은 아이들, 나이도 통학 목적도 같은 아이들이 오랜 시간 갇혀 있으면 질투심이나 배제 행위가 자연스럽게 일어납니다. 이 때문에 발생하는 집단 괴롭힘은 학교의 존속 이유보다 훨씬 큰 위험 부담입니다.

학급은 물리적인 구조나 심리적인 구속감 때문에 그 배제 행위에서 도망치는 게 어렵습니다. 이제는 그런 점을 고려해 학급으로 운영되는 구조의 한계와 동료 의식의 부정적인 측면에 대해 논의해야 할 때입니다.

어른들에게 1년은 순식간일지 모릅니다. 하지만 아이들에게는, 특히 집단 괴롭힘을 당하는 아이에게 1년은 영원 같은 시간일 수 있습니다.

사람이 100명이면 100개의 생각이 있다

제 생각이 조금 극단적일지도 모르지만, 원래 일본의 의무 교육은 국민개병제(國民皆兵制)에 기반해 우수한 병사를 육성할 목적으로 한 기초 교육이었다고 볼 수 있습니다. 군대의 새싹을 육성하기 위한 것이니 평균적인 체력과 학력, 지휘에 맞게 일사불란하게 움직일 수 있는 단결력을 갖추도록 교육했을 것입니다. 이런 목적으로 시작했기 때문에 애당초 아이들 각자의 능력을 키워줘야 한다는 의식은 없었던 것이죠.

명령을 잘 이해해 따를 수 있는 정도의 소양을 가지고, 윗사람을 거스르지 않는 병사를 육성하는 게 목적이니 개인의 개성은 굳이 살릴 필요가 없는 것입니다. 이런 교육 환경에서 가장 이상적인 모범은 자신을 내세우지 않고 윗사람이나 동료에게 잘 동조하는 사람입니다. 군대 외에도 공장처럼 노동집약적인 산업 현장에 잘 맞는 타입이죠.

지금까지 일본의 의무 교육은 전쟁 전에는 강한 군대의 밑거름이 되었고, 패전 후에는 고도 경제 성장의 원동력이 되었습니다. 요즘은 학생 한 명 한 명의 개성을 살리겠다는 학교가 늘고 있지만 실제로는 다 함께 보조를 맞추는 걸 우선시합니다.

'협조, 연대, 협력, 단결……'

의미는 조금씩 달라도 다른 사람과 일치되지 않으면 안 되니 개인은 어쩔 수 없이 등한시됩니다. 이런 문화 속에서 성장한 아이들이 최대한 남의 시선을 끌지 않고 눈치를 보며 살다가 누군가 튀는 행동을 하면 다 같이 공격하는 것도 이상할 게 없습니다.

이런 분위기에서는 집단 괴롭힘의 방관자도 동조 압력 탓에 '내가 말려도 어차피 소용없겠지', '저 애는 당해도 싸' 하는 식으로 스스로를 합리화하는 이유를 열심히 찾으려 합니다. 이런 동조 압력이 집단 괴롭힘의 해결을 더욱 어렵게 만듭니다.

이와 정반대의 사례를 이탈리아에서 찾을 수 있습니다. 이탈리아 사람들은 대체로 다른 의견을 말하는 걸 선호합니다. 학교나 사회에서 타인과 다른 의견을 말하지 않으면 좋은 평가를 받을 수 없습니다. 반대로 다른 사람과 똑같은 의견을 중복해서 말하면 바보 취급을 당합니다. 그런 특성과 어떤 인과 관계가 있는지는 모르겠지만 2차 세계대전 중 이탈리아 군은 약체였다고 합니다. 어쩌면 명령을 무시하고 자신의 생각대로 행동하거나 혼자만 살아남으려는 병사가 많아 지휘 계통이 제대로 작동하지 못했던 건지도 모릅니다. 어쨌든 하나로 똘똘 뭉쳐 싸우는 건 힘들었겠죠.

그렇다면 이런 나라에는 어떤 사람이 많을까요? 디자이너나 예술가처럼 창조성을 발휘할 수 있는 분야에서 개성 있고 탁월한 천재가 나옵니다.

앞으로는 어떤 인간형이 요구될까요? 인공지능이나 로봇에게는 없는 인간만의 독특한 개성을 가진 인간형이 아닐까요? 이런 시대적 요구에 맞춰 개성을 살리는 교육이 집단 괴롭힘도 방지할 수 있습니다.

지금까지 서술한 것처럼 모두가 비슷해야 하고 동료 의식이 강해서 집단 괴롭힘이 생기는 거라면, 각자의 개성을 살려 균일성이 낮은 집단을 만들면 개인의 목표도 다르고 누가 무임승차를 했는지도 드러나지 않아 제재 행동이 일어나기 어렵습니다. 애당초 모두가 다르기 때문에 집단을 위해 누가 희생할 필요가 없습니다. 각자 다른 의견을 가지고 있으면 동조 압력도 없어집니다. 한 사람만 다르면 집단 괴롭힘이 생기지만 모두가 다르면 집단 괴롭힘이 생기지 않습니다.

반에 다양한 개성을 가진 아이들이 있고, 모두가 자기 의견을 마음껏 말할 수 있는 환경이라면 가장 이상적일 것입니다. 그런 자유로운 분위기는 교사가 조성해줘야 합니다.

협력해서 해야 할 교내 행사를 위해 일시적으로 동료 의식을 갖는 건 괜찮지만, 전반적으로는 꾸준히 균질성을 낮추는 방법을 실행해야 집단 괴롭힘을 줄일 수 있습니다.

오늘의 주인공은 너야 너!
—

개인의 자유재량이 적은 곳은 상대적으로 집단의 힘이 큽니다. 이 경우 향사회성이 이상하리만큼 크게 작동하는 것 같습니다. 그럴 때는 개인의 재량을 늘리는 것이 해결법입니다. 한 사람 한 사람이 스스로 생각해 행동하는 집단이 되는 것입니다. 팀플레이를 하되 개개인의 재량권을 보장해주는 거죠.

일본에는 모모이로 클로버 Z(이하 모모쿠로)라는 아이

돌 그룹이 있습니다. 교육 잡지 〈초1 교육기술〉(2017년 4월호, 쇼가쿠칸)에 실린 모모쿠로 인터뷰를 살펴보면 멤버 다섯 명이 각자의 색깔(개성)을 가지고 있으며, 그룹 내에서 역할도 분담하고 있다는 걸 알 수 있습니다. 또한 콘서트에서는 매번 센터에 서는 사람을 교체해 모두가 공평하게 조명을 받을 수 있도록 합니다.

각자의 개성이 부딪히지 않고 모든 멤버가 주인공이 되어 성장할 수 있는 환경인 것이죠. 그렇기 때문에 서로의 개성이나 사고방식을 존중하는 팀이 되었습니다. 이런 관계에서는 집단 괴롭힘이 발생하기 어려울 것입니다.

단결이 차별을 만든다

'단결'이라는 단어를 좋은 의미로 쓰는 경우가 많아서 의아할지도 모르지만 우리가 이 말을 남용하고 있는 건 아닌지 고민해볼 필요가 있습니다. 혹시 단결을 긍정적으로 생각하고 있다면 단결의 진정한 의미와 부정적인 측면도 봐주시길 바랍니다.

안타깝게도 많은 사람들이 단결이 집단 괴롭힘을 낳으며 애정이 강할수록 공격적이 되고, 동료애와 다툼이 서로 연결되어 있다는 점을 간과합니다.

집단 괴롭힘은 일부 나쁜 아이들이 하는 짓이니 그들을 바르게 지도하면 집단 괴롭힘도 사라질 거라 생각하기 쉽지만, 인간은 애당초 모두가 불완전한 존재라는 사실을 전제하고 현실을 직시해야 합니다.

지금 우리의 아이들은 교실이라는 도망칠 곳 없는 틀에 갇혀 '모두 힘을 합해', '다 같이 사이좋게' 지내기를 강요받고 있습니다. 이것은 개성적인 아이들을 숨 막히게 하고, 자신이 표적이 되지 않기 위해 일탈자를 누구보다 빨리 색출해야 한다는 압박을 느끼게 합니다. 그리고 타인과 원만하게 지내며 친구가 많은 아이가 긍정적인 평가를 받는 반면, 외톨이는 괴롭고 힘들 뿐이라는 부정적인 인식이 뿌리내리게 됩니다.

친구가 없는 게 꼭 나쁜 건 아니다, 모두와 생각이 다른 것일 뿐 네가 틀린 건 아니라는 다른 가치관을 가르쳐줘도 좋지 않을까요?

그리고 아이들에게도 집단을 만들면 사고방식이나 행동이 다른 사람을 허용하기 힘들어진다는 사실을 정확하게 인지시켜 주는 편이 좋습니다. 무조건 집단 괴롭힘을 하면 안 된다고 말할 게 아니라 '저 사람은 언젠가 우리 집단에 피해가 가는 일을 할지도 모르니까 미리 혼내주자'는 마음이 생길 수 있고, 그것은 굉장히 위험한 생각이라고 설명해줄 필요가 있습니다.

일단 아이들이 그런 특성을 알게 되면 누군가를 괴롭히고 싶은 마음이 들 때 '지금 내 기분이 그때 선생님이 말씀하셨던 거구나, 이런 마음이 커지면 안 돼' 하고 스스로 깨달을 수 있고 자신의 감정을 객관적으로 바라보는 힘을 키우게 됩니다.

집단은 침묵에 이르는 병 – 제3의 물결 실험*

이번에는 집단의 영향력에 개개인의 마음이 어떻게 변화하는지 아이들 스스로 체험하도록 한 실험을 살펴보겠습니다.

실험을 진행한 것은 미국 캘리포니아 주의 한 고등학교 교사 론 존스(Ron Jones)였습니다. 이 실험은 당시(1967년)의 젊은이들이 나치 독일이 어떻게 형성되었는지, 홀로코스트의 원인이 되었던 배타적 감정은 왜 생겨났는지 직접 체감하도록 하는 것이 목적이었습니다. 계기는 역사 수업 중에 어떤 학생이 던진 질문이었습니다.

"우리 미국인 같았으면 그런 비민주주의적인 나치는 허용하지 않았을 거예요. 독일인들은 왜 나치를 허용한 거죠?"

요컨대 민주주의가 발달한 미국에서는 나치 독일 같은 일이 벌어지지 않았을 거라는 주장이었죠. 그 질문에 존스는 선뜻 답할 수 없었습니다. 나치 독일도 민주주의적인 절차를 통해 선거로 뽑힌 정당이었습니다. 민주 정당의 가면을 쓰고 있다가 도중에 파시스트 정당으로 바

* 이 실험을 소재로 토드 스트라써(Todd Strasser)는 『파도』(The Wave)라는 소설을 썼고, 이를 토대로 독일 영화 〈디 벨레〉(Die Welle)가 만들어졌다. 『파도』는 1980년대 중반 독일에서 출간된 이후 전체주의에 대한 경각심을 일깨워주는 소설로 주목받았으며 지금까지도 청소년 필독서로 활용되고 있다. 국내에도 2006년에 번역 출간되었고, 2008년 청소년출판협의회 추천 도서로 꼽힌 바 있다.(편집자 주)

꿰었지만요. 그는 어떻게 하면 학생들에게 그 흐름을 잘 가르쳐줄 수 있을까 고민했습니다. 고민 끝에 나치 독일이 어떻게 만들어졌는지 학생들과 함께 직접 실험해보기로 했죠.

실험은 다음과 같이 진행되었습니다. 수업 중에 론 존스를 리더로 한 가공의 사회 운동을 하기로 했습니다. 존스는 학생들에게 '제3의 물결(The Third Wave)'이라는 운동명과 '집단이 가진 힘을 실감해보라'는 메시지를 전달했습니다. 그리고 운동을 시작하기 전에 규칙을 몇 가지 정했습니다.

규칙은 론 존스가 리더이자 운동의 상징이며, 운동원(학생)은 리더의 말을 들을 때 부동자세로 들어야 하고 항상 존댓말을 사용해야 한다는 것 등이었습니다. 일단 첫날을 규칙에 맞춰 보내고 나자 학생들은 기분이 고양되었고, 다음 날에도 계속하길 원했습니다. 존스는 망설였지만 첫날과 비슷하게 둘째 날이 지나갔습니다.

셋째 날이 되자 아이들은 다른 반 아이들에게도 운동에 동참하도록 권하기 시작했습니다. 그리고 학생들 스스로 로고 마크를 만들거나 운동원끼리 마주쳤을 때 하는 독특한 인사법도 고안했습니다. 그런 중에 학생들은 성적이 좋아졌고, 긍정적인 영향에 감화한 나머지 자발적으로 운동을 넓혀갔습니다.

존스는 운동의 파급력이 예상보다 커지자 불안해졌습니다. 하지만 운동의 확산을 막기엔 그 속도가 너무 빨랐습니다. 이 운동이 학교 전체로 퍼지는 데는 일주일이 채 걸리지 않았다고 합니다. 그리고 운동을 권유하는 과정에서 폭력이 자행되거나 인사 같은 규칙을 지키지 않는 학생을 밀고하는 등의 불미스러운 일도 발생했습니다.

학교는 순식간에 제3의 물결 운동에 잠식되었습니다. 그리고 놀랍게도 학교 밖까지 퍼졌습니다. 타 학교까지 이 운동이 퍼져 폭행 사건이 일어나자 존스는 강제로라도 끝내게 해야겠다 싶어 한 가지 묘안을 짜냈습니다. 그는 학생들을 한자리에 모은 후 물었습니다.

"너희들의 리더는 누구냐?"

학생들은 당연히 론 존스라고 대답했습니다.

"너희는 내가 리더라고 생각하고 이 운동을 펼쳐나갔

지만 너희들의 진짜 리더는 이 사람이다."

그가 보여준 것은 히틀러의 얼굴이었습니다. 학생들은 비로소 지금까지 자신들이 해온 일이 나치가 한 짓과 똑같았다는 걸 알고 경악했습니다.

함께하지 않는다면 내버려둬라

제3의 물결 실험을 통해 우리는 평범한 아이들이 극악한 집단으로 변하는 게 그리 어렵지 않다는 것을 알 수 있습니다. 아이들을 믿을 수 없는 게 아니라, 아이들은 순수하고 천사 같은 마음을 가졌다는 어른들의 낭만적인 착각이 오류의 원인입니다.

아이들의 뇌는 발달 단계에 있기 때문에 억제가 어렵습니다. 끝내야 하는 지점을 모르기 때문에 아무리 집단 괴롭힘을 하지 말라고 타일러도 완벽하게 통제하기는 불가능합니다. 결국 어른들이 보지 않는 곳에서 몰래 할 뿐입니다. 그들이 집단 괴롭힘을 그만두지 못하는 이유는 앞서 설명했듯이 그것이 쾌감을 주고, 힘과 정의를 느끼게 해주기 때문입니다. 그래서 근절하기가 어려운 것입니다.

앞에서 『이솝 우화』를 인용해 말한 대로 집단 괴롭힘을 주도하는 가해 아이들은 자신들의 행위를 그다지 심각하게 생각하지 않습니다. '짜증 나', '재수 없어' 같은 폭언도 그들은 별생각 없이 '그냥' 씁니다.

집단 괴롭힘의 무서움은 집단 대 개인의 구도 때문에 가해자 쪽에 정당성이 있다고 생각하는 데 있습니다. 집단 괴롭힘을 하는 쪽의 규범의식이 높아져 나쁜 행동을 하는 게 아니라 모두를 힘들게 하는 사람에게 제재를 준다고 생각하는 것이죠.

집단 괴롭힘을 막으려는 사람 역시 '모두가 단결해서 옳은 방향으로 가고 있는데 그걸 방해하는 사람'이라고 생각해 표적이 됩니다. 이것이 론 존스조차 제3의 물결 실험을 중도에 막기 어려웠던 이유입니다. 아이들도 배제 행위가 나쁘다는 것을 배우지만 일단 집단이 되어 뭉치면 스스로의 행위를 통제하기 어려워집니다.

제3의 물설 실험에서는 운동을 확산하는 과정에서 폭

력을 썼습니다. 그때 학생들은 운동 자체에서 쾌감을 느껴 말을 듣지 않는 사람은 강요를 하든지, 공격해 배제하든지 양자택일밖에 없었다고 합니다. 자신들과 함께하지 않는 사람은 그냥 내버려둔다는 선택지는 없었던 것이죠.

집단 괴롭힘의 가해자로 참여하면 누구나 그 행위를 통해 정의감을 품고 쾌감에 중독됩니다. 집단 괴롭힘의 피해자는 혼자 힘만으로 그 상황을 벗어나기 어렵습니다. 이는 오는 비를 내리지 않게 하는 것만큼 불가능한 일입니다.

가장 효과적인 방법은 공격의 손길이 닿지 않는 곳으로 도망치거나 부모에게 알리는 것이지만, 착하고 말 잘 듣는 아이일수록 도망치면 안 된다거나 부모님께 걱정을 끼치면 안 된다고 생각해 사태가 악화됩니다.

나는 괴롭힘을 피할 권리가 있다
—

가해자의 충동을 어떻게든 억제할 수 있을 거라는 생

각은 하지 않는 게 좋습니다. 그것은 단것을 좋아하는 사람 앞에 케이크를 놓아두고 먹지 말라고 하는 것이나 마찬가지입니다. 말 그대로 본능적인 행동입니다. 개미 굴 앞에 설탕 단지를 두고 개미에게 먹지 말라는 것과 같을지 모릅니다.

회피책이 있다면 먹이가 눈앞에 안 보이는 것뿐이겠죠. 집단 괴롭힘이 생길 것 같으면 일단 물리적으로 멀리 떼어놓는 것이 가장 좋습니다. 집단 괴롭힘의 피해 학생에게는 학교 외의 장소에서 학습할 권리를 주고, 온라인 교육(e-learning) 등 좀 더 유연한 교육 환경을 지원하면 좋을 것 같습니다.

최근에는 대학에서도 온라인 강의를 활용하는 추세고, 앞으로는 쌍방향 멀티미디어로 언제 어디서든 학습할 수 있는 시스템이 주류가 될 것입니다. 물론 지금도 자유 학교 같은 것이 있지만 좀 더 가벼운 마음으로 학교 이외의 장소에서 학습할 수 있는 환경을 마련하면 좋겠지요.

최근 교육 현장에서 베테랑 교사의 대량 퇴직이 문제

가 되고 있는데, 개인적으로는 이 교사들을 활용하는 것도 좋지 않을까 생각합니다. 아이들의 지능 발달에는 여러 어른과 만나고 소통하는 게 좋다는 자료도 있고, 아이들이 학교 선생님 외의 어른과 만나는 기회가 많으면 커뮤니케이션 능력도 높일 수 있을 것입니다.

이제 근본적으로 학교에서 아이들에게 반드시 가르쳐야 하는 게 무엇인지 재고해볼 때입니다.

재택 학습만으로는 아이들끼리의 커뮤니케이션을 배울 수 없다는 지적이 있지만, 그것을 집단 괴롭힘을 통해 배운다면 피해 아동에게는 너무 가혹한 일입니다. 때로 죽음에 이르기도 하는 커뮤니케이션을 배우는 게 무슨 의미가 있을까요? 분명 다른 방법으로도 얼마든지 배울 수 있는데 말이죠.

너무 가깝지도 너무 멀지도 않게

——

집단 괴롭힘을 당하던 아이가 잠시 학교를 쉬고 다시 돌아왔을 때 가해 아이들이 어떻게 대할지도 걱정입니다.

시간적, 공간적 거리가 충분했다면 옥시토신이라는 키워드로 고찰했을 때 돌아온 아이는 집단의 일부가 아니라 '이방인' 취급을 받게 되어 배제 감정이 금방 부활하진 않을 것입니다. 물론 그 아이의 행동이 별로 마음에 들지 않으면 똑같은 일이 반복될 가능성은 있죠.

하지만 적당히, 그리고 정기적으로 거리를 두는 것은 효과적인 회피책입니다. 예를 들어 일주일에 세 번은 통학을 하고 두 번은 온라인 교육으로 대체하는 등 다양하고 유연한 조치가 필요합니다.

결혼 후 사이가 나쁜 부부는 자란 환경과 가치관이 달라 싸운다기보다 동반자가 되었는데도 상대가 자기 생각대로 되지 않는 게 화가 나서 틀어지는 경우가 더 많은 듯합니다. 옥시토신이 적어 관계가 식은 후 파탄을 맞는 부부도 있지만, 옥시토신이 너무 많아 서로를 배제하다가 파국을 맞는 경우도 드물지 않습니다. 서로 떨어져 지내는 시간이 많은 주말부부가 오랜 시간이 지나도 사이가 좋은 건 그런 이유입니다. 이는 옥시토신이 너무 많지 않아 생기는 긍정적인 예죠. 어쩌면 '60퍼센트 커플'을 목표로 하는 게 관계를 오래 지속할 수 있는 비결인지도 모릅니다.

이런 상황이 학교에서도 일어납니다. 같은 반이지만 분위기 파악을 전혀 못해 마음에 들지 않았던 아이와 물리적으로 거리가 멀어지면 동료 의식이 희박해집니다. 그 아이가 이따금 홀쩍 나타나면 여전히 마음에는 안 들지만 어쩐지 외부인 같아 이전처럼 타박하거나 함부로 대하기 어려워지죠. 개중에는 반 친구들로부터 타인 취급받는 건 외롭고 슬프다고 느끼는 아이도 있을 것입니다. 그럴 때는 잠시 피했다가 다시 돌아오면 심리적 부담을 더 크게 만들 수 있기 때문에 아예 전학을 가는 편이 더 낫습니다.

어쨌든 휴학이나 전학 등 집단 괴롭힘의 가해자로부터 공간적, 시간적 거리를 두는 방법은 아이의 성격이나 상태에 맞출 필요가 있지만, 회피책으로 가장 효과적이라고 생각합니다.

제삼자의 눈으로 사각지대를 없애라

문부과학성이 발표한 '집단 괴롭힘의 인지(발생) 건수 추이' 자료를 보면 현재의 학교에는 집단 괴롭힘을 억제할 만한 수단이나 시스템이 없다는 걸 알 수 있습니다.

원래 아이들의 집단 괴롭힘은 사회의 눈길이 잘 닿지 않는 교실이라는 밀실에서 행해지는 것이니 문부과학성이 할 수 있는 일은 제한적이죠. 집단 괴롭힘을 꼭 근절하려 한다면 문부과학성이나 교육위원회, 학교만으로 해결할 수 있다고 생각해서는 안 됩니다. 더구나 다양한 집단 괴롭힘이 존재하는데 그것을 교사 한 사람이 책임지도록 하는 것은 어불성설입니다.

오늘날의 집단 괴롭힘은 경우에 따라 법에 저촉되는 것도 있습니다. 이제는 집단 괴롭힘이라는 사안을 학교와는 별개의 조직에서 취급해야 하고, 구체적인 법적 조치나 경찰 개입 등을 논의해야 할 때인지도 모릅니다.

그러나 일본에서는 학교에 경찰권이 관여하는 데 뿌리 깊은 저항이 있습니다. 미국에서는 많은 주에서 피해자가 집단 괴롭힘을 당하고 있다고 느낀 시점부터 집단 괴롭힘을 인지하고 보고하도록 법적으로 의무화되어 있습니다. 또 이메일이나 SNS를 이용한 인터넷상의 집단 괴롭힘도 발견 즉시 하루 이내에 관리직에게 보고하도록 하고, 집단 괴롭힘을 범죄 행위로 취급해 초등학생일지라도 가해자를 법적 처벌하는 주도 있습니다. 스웨덴은 '집단 괴롭힘 반대 협회'라는 민간단체가 문제 해결을 돕고 피해자를 지원하는 활동을 전국적으로 펼치고 있습니다.

도덕 교육은 쇠귀에 경 읽기

집단 괴롭힘을 법적으로 제재한다면 피해자는 경찰과 상담할 수 있고, 가해자는 법적 처벌에 대한 염려 때문에라도 집단 괴롭힘을 많이 억제할 수 있을 것입니다.

그러나 지금의 환경은 가해자가 얼마든지 빠져나갈 수 있는 구조입니다. 어른에게 들키지만 않으면 아무 문제없이 넘어가기 때문에 억제할 장치가 없어 집단 괴롭힘이 더욱 심각해집니다.

최근 들어서는 학교에 집단 괴롭힘을 알려도 제대로 대응하지 않아 보호자가 직접 탐정을 고용해 증거를 수집하는 사례도 늘고 있습니다. 또 발뺌하는 가해 학생이나 학부형에 대응하기 위해 학교가 탐정에게 의뢰하는 경우도 있다고 합니다.

그러나 탐정은 학교 안까지 들어갈 수 없습니다. 중요한 것은 '아이들만의 밀실에서 벌어지는 일을 어떻게 알아챌 것인가'입니다. 퇴직 경찰이나 경비 회사 직원에게 순찰을 맡기는 것도 제삼자의 눈으로 내부를 살필 수 있는 좋은 방법입니다.

현재 상담사 제도를 도입한 학교는 많습니다. 물론 상담사가 피해자를 다독여줄 수 있다는 점에서 큰 의미가 있지만 폭력 행위 자체를 막을 수는 없습니다. 상담사가 여성이라면 초등학교 고학년이나 중학생 남자아이를 상담사가 제압한다는 것도 현실적으로 힘들겠죠.

학교 순찰은 신체적으로 강인해 보이는 사람이 적합합니다. 예를 들어 운동선수 경력이 있거나 완력에 어느 정도 자신이 있는 사람이 봉사 활동을 명목으로 학교에 출입하는 거죠. 아이들은 무서워 보이는 사람에게는 민감합니다. 일단 제삼자의 눈으로 교내를 감시하면서 집단 괴롭힘은 아무런 득이 없고 오히려 손해만 보는 행위라는 것을 깨닫게 해야 합니다.

물론 이런 시스템은 힘으로 집단 괴롭힘을 저지하려는 것처럼 보일 수 있습니다. 교육 현장에는 생소하고 낯설겠지만 이미 우리의 현실은 이런 수단이 필요할 정도까지 와버렸습니다.

아이들의 뇌는 앞에서 말한 것처럼 아직 완전히 발달

하지 못했습니다. 쇠귀에 경 읽기인 윤리 수업만으로는 지금 당장 벌어지고 있는 집단 괴롭힘을 막을 수 없습니다. 일단 집단 괴롭힘을 할 수 없는 환경을 만들어두는 게 시급합니다.

과거 학부모회 회장의 아동 추행 사건 때문에 외부의 협조에 대해 우려하는 사람도 있겠지만 지역민이 학교에 들어가 아이들을 지켜봄으로써 교내 집단 괴롭힘이나 문제 행동이 줄어든 사례도 있습니다.

어쨌든 학교 관계자 외에 공정하게 선출된 제삼자의 시선이 필요합니다. 이는 학교의 은폐 의혹도 해소할 수 있고, 가해자 그룹과 그 학부형이 학교에 가하는 압력을 억제하는 데도 효과적입니다. 더 나아가 집단 괴롭힘에 전문적인 지식을 갖춘 제삼자 조직을 양성하면 더욱 신속하고 체계적인 대응이 가능해질 것입니다.

말하지 않아도 알아요

최근의 집단 괴롭힘은 다양하고 복잡한 양상을 띠고

있습니다. 특히 말로 하는 집단 괴롭힘은 판단하기가 갈수록 어렵습니다. 인터넷이나 SNS상의 폭언이라면 증거가 남기 때문에 발견하기도 쉽고 고발할 때도 증거로 제출할 수 있습니다.

하지만 최근에는 비언어 커뮤니케이션을 통한 집단 괴롭힘이 자주 발생하고 있습니다. 비언어 커뮤니케이션이란 언어 이외의 수단으로 메시지를 주고받는 상호작용을 말합니다. 표정이나 동작, 목소리의 높낮이나 억양 등으로 의사를 전달하는 거죠. 예를 들어 눈을 맞추거나 손짓하는 것, 강조하고 싶은 얘기에서 목소리를 크게 하거나 비밀 얘기를 할 때는 속삭이는 것입니다.

집단 괴롭힘에서는 무시하거나 키득거리는 웃음소리, 일부러 들리도록 험담하는 경우가 전형적인데, 이런 비언어에 의한 집단 괴롭힘은 피해 사실을 입증하기 어렵습니다.

이 같은 집단 괴롭힘을 방지하려면 인간관계의 유동성을 높이고, 다양한 사람과 자유롭게 교류하는 환경을 만들어야 합니다. 대학에서 집단 괴롭힘이 심각하지 않은 이유는 인간관계의 유동성이 높기 때문에 험담하거나 무시하는 사람이 있어도 다른 사람을 사귀면 그만이기 때문입니다. 그런 자유로운 교우 관계가 담보되면 얼마든지 상대의 공격으로부터 벗어날 수 있습니다.

바로잡지 못한 괴롭힘은 반복된다

오쓰 시에서 일어난 중학교 2학년 남학생의 자살 사건 이후 오쓰 시 시장은 학교와 교육위원회의 조사가 불충분했다는 점을 인정하고, 유족 추천 위원을 포함한 제삼자 조사위원회를 시장 직속으로 설치해 원인을 철저히 조사했습니다. 또한 학교 및 교육위원회와는 별개로 시장 직속 부서인 '집단 괴롭힘 대책 추진실'을 만들었으며, 변호사와 임상 심리사 등을 상주시킨 상설 운영 제삼자 기관으로 '오쓰의 아이들을 집단 괴롭힘으로부터 지키는 위원회'를 설치했습니다.

집단 괴롭힘의 피해 아동이나 학부형은 학교와 교육위원회를 직접 대면하는 대신 이 위원회와 상담할 수 있습니다. 위원회는 상담했던 집단 괴롭힘에 대해 직접 조사할 뿐 아니라 시장에게 재발 방지와 문제 해결을 위한 대책을 제안하기도 합니다. 교육위원회도 집단 괴롭힘을 조기에 발견하기 위해 1개 학교를 제외한 시립초등학교 53곳에 학생 지도에 특화된 집단 괴롭힘 전담 교사를 배치했습니다.

이처럼 집단 괴롭힘을 학교나 담임 교사에게만 맡길 게 아니라 여러 어른들이 연대하여 아이들의 사소한 변화도 포착할 수 있는 철저한 시스템을 구축할 필요가 있습니다.

모두 지켜보고 있다

교실에 CCTV를 설치하는 것도 집단 괴롭힘을 상당히 억제할 수 있습니다. 영국에서는 전체 중학교의 90퍼센트에 CCTV를 설치했는데, 대체로 집단 괴롭힘이 벌어지기 쉬운 교실, 화장실, 탈의실 등에 설치했습니다. 그러나 일본의 학교는 건물 출입구나 엘리베이터에 있는 게 고작입니다. 왜 이런 차이가 생긴 걸까요?

일본은 외부에서 출입하는 사람을 감시하는 수단으로 CCTV를 설치했기 때문입니다. 반면 내부는 밀실로 만들어놓고 어떤 일이 벌어지는지 파악하지 못하고 있죠. 일상적으로 일어나는 문제인 집단 괴롭힘에는 실효성 있는 수단이 없는 것입니다. 교실에 CCTV를 설치하는 것에 교사나 학교가 반감이라도 있는 걸까요?

학교나 교사의 불상사가 카메라에 찍히면 오히려 학교 경영을 건전하게 하는 데 큰 도움이 될 것입니다. 감시 사회에 대한 염려도 있겠지만, 폐쇄적인 세계에서 고통받는 아이들을 생각한다면 CCTV 도입을 긍정적으로 검토해도 좋지 않을까요? 경비도 피해가 일어나 손해배상을 청구받는 것에 비하면 CCTV 운영비가 훨씬 저렴할 것입니다.

교실이 밀실이 되어 사회의 눈길이 닿지 않으니 학교는 자연스럽게 집단 괴롭힘이 생기기 쉬운 현장이 되었습니다. 그 밀실에 문 하나를 만드는 것도 유동성을 높이는 일입니다.

악은 의외로 평범하다 - 루시퍼 효과

인간은 아무도 보지 않거나 자신을 감출 수 있을 때 비도덕적인 행동을 할 확률이 높아집니다. 이것이 '루시퍼 효과'입니다. 실험을 통해 평범하고 선량한 사람들이 한순간에 악마 루시퍼처럼 변하는 것을 목격한 심리학자 필립 짐바르도가 명명한 것입니다.

천사에서 악마로 변한 루시퍼의 이름을 붙인 것처럼 누구나 악마가 될 수 있음을 내포하고 있습니다. 루시퍼 효과에 해당하는 행위에는 범죄뿐 아니라 보통은 남들 앞에서 하기 어려운 일이나 창피한 일, 예를 들어 불륜처럼 남이 아는 게 두려운 일도 있습니다. 이를 방지하려면 제삼자가 개입하거나 CCTV를 설치하는 등 누군가 자신을 보고 있다고 의식하게 만들어야 합니다.

최근 한 국회의원이 비서에게 폭언을 퍼붓고 폭력까지 행사한 게 문제가 되었는데, 그것이 녹음되고 있다는 사실을 알았다면 그렇게까지 심한 짓은 못했겠죠.

인간은 원래 아무도 보고 있지 않으면 얼마든지 나쁜

짓을 할 수 있고, 때로는 과격화한다는 것을 전제로 구체적인 방법을 강구해야 합니다. 다시 한 번 말하지만 익명성을 없애는 데에도 CCTV는 효과적입니다. 자신의 행동이 언제든 촬영되고 있다고 생각하면 집단 괴롭힘이나 교사에 대한 폭행도 상당히 억제할 수 있습니다.

교내에서 집단 괴롭힘이 발생하는 장소는 의외로 많지 않습니다. 집단 괴롭힘 연구의 일인자인 모리타 요지(森田洋司)에 따르면 집단 괴롭힘이 가장 많이 일어나는 장소는 교실이고, 다음으로 복도나 계단, 동아리 활동 공간, 운동장 순이라고 합니다. 이렇게 장소가 한정되어 있으니 CCTV를 설치하는 것만으로도 상당한 효과를 거두지 않을까요?

비용 대비 효과가 높은 CCTV 설치를 학교가 꺼리는 이유는 혹시 집단 괴롭힘의 증거를 남기고 싶지 않거나 아예 없었던 일로 하고 싶은 건 아닌지 의심마저 듭니다. 앞으로는 '우리 학교에는 CCTV가 있습니다'라고 광고하는 학교가 나왔으면 좋겠네요.

선 안에 있는 악, 악 안에 있는 선

———

집단 괴롭힘의 대응책을 모색할 때는 사람들이 모이는 곳에는 집단 괴롭힘이 반드시 일어난다고 생각하는 게 중요합니다.

이 책에서 여러 번 언급한 것처럼 인간의 뇌에는 집단 괴롭힘을 하기 위한 기능이 자리하고 있습니다. 그것은 인류가 생존하기 위해 반드시 필요했기 때문입니다.

집단 괴롭힘은 종을 보존하기 위한 본능적 행위입니다. 그렇다면 해결의 실마리는 '이 본능을 어떻게 조절할 것인가'에 있습니다. 이분자를 배제하는 것도 집단의 괴멸을 막기 위한 일이고, 이단자를 색출하는 것도 집단이 잘못된 길로 가지 않기 위한 행위입니다. 그것이 지나치면 집단 괴롭힘이 되고 참혹한 사건으로 이어집니다. 인류 역사에서 그런 예는 헤아릴 수 없을 정도로 많았습니다.

개인적으로는 집단 괴롭힘의 메커니즘이나 인간의 이런 특성을 학교에서 배울 필요가 있다고 생각합니다. 그러나 지금의 학교는 참되고 바른 것만 가르치려 하기 때문에 거꾸로 역효과를 낳는 듯싶습니다. 학교는 인간의 존재에 대해 좀 더 입체적으로 배울 수 있는 곳이어야 하지 않을까요?

뇌 과학에서는 감정을 관장하는 전두엽이 완전히 성장하는 게 서른 살 전후라고 말하지만 그것을 기준으로 서른이 넘으면 다 훌륭한 어른이라고 말할 수 없죠. 어른이 윤리적, 도덕적으로 완벽한 것도 아니고 설사 완벽하지 못해도 잘못된 건 아닙니다.

학교에서는 선과 악을 흑백논리로 가르칠 게 아니라 선 안에 있는 악, 악 안에 있는 선도 가르쳐야 합니다. 학교가 인간의 다양한 존재 방식을 가르친다면 집단의 정의 때문에 일어나는 폭력을 다르게 인식하지 않을까요?

덧붙이자면 현재 학교의 성교육도 현실적이지 않습니다. 성을 체험하는 연령이 낮아졌고 성병에 걸리는 나이역시 어려지고 있을 뿐 아니라 그 수도 늘고 있습니다. 상황이 이러니 현실에 맞게 초등학교나 중학교에서 피임법을 가르쳐야 합니다. 성관계나 임신이 사실상 가능한 나이의 아이들에게는 스스로 자신의 몸을 지킬 수 있는 지식을 충분히 제공해야 합니다. 그러나 성선설의 영향인지, 학부형을 의식한 건지, 아니면 교육상의 판단인지 모르겠지만 현재는 성교육이 제대로 이루어지지 않고 있습니다.

후쿠시마에서 피난한 아이들에 대한 차별이나 성적 소수자에 대한 차별처럼 지식이 불충분하거나 불확실해서 집단 괴롭힘이 발생하는 경우도 있습니다. 어른이든 아이든 정확하고 꼭 필요한 지식을 익히면 무지에서 비롯되는 집단 괴롭힘도 사전에 방지할 수 있지 않을까요?

불관용(不寛容)을 이성이나 지성으로 극복할 수 있다고 생각하는 사람도 있겠지만 뇌 과학적으로 그것은 매우 어렵습니다. 과거 연합적군(連合赤軍, 1971년부터 1972년까지 활동한 일본의 신좌파 테러 조직-옮긴이) 그룹에서 구타와 살인이 자행된 사건의 배경도 관용을 요구한 것이 도리어 이색분자로 몰렸기 때문입니다.

가장 중요한 것은 인간이란 배타적인 존재라는 점, 그것은 쉽게 극복할 수 없다는 점을 인정하는 것입니다. 이렇게 자신을 인정하는 것, 인식하는 힘이 '메타인지력'

입니다.

집단 괴롭힘은 뇌에 새겨진 기능입니다. 그것은 물리적으로 완전히 차단할 수 없습니다. 그러나 뇌를 속이거나 그 기능을 조절하는 것은 얼마든지 가능합니다.

학교에서 인간관계의 유동성을 높이고 아이들이 다양한 사람과 접촉해 자극을 받으면 좁은 인간관계 속에서 배신자를 색출하느라 애쓸 필요가 없어집니다. 아이들은 자연스럽게 인간에 대한 이해를 넓힐 수 있겠죠.

여러 사람을 통해 자기 자신을 돌아보고 메타인지력을 키울 수 있는 환경을 조성하는 것 역시 집단 괴롭힘을 막는 데 큰 도움이 될 것입니다.

인간은 태어나면서부터 타인을 괴롭힌다

— 악(惡)에 대한 단상

#1

보름 동안 손톱이 자라도록 내버려두어야 한다. 활짝 열린 눈을 가진, 아직 윗입술 위에 아무것도 나지 않은 어린아이를 침대에서 난폭하게 끌어내려, 그의 아름다운 머리털을 뒤로 쓸어주면서, 그의 이마에 그윽하게 손을 내미는 체하는 것, 아, 그것은 얼마나 감미로운가! 그다음, 그가 가장 예기치 않은 순간에, 갑자기 긴 손톱을 그의 부드러운 가슴에 박아 넣는다. 아이가 죽지는 않도록. 만약 아이가 죽는다면, 후에 그의 비참함의 양상을 즐기지 못할 것이니까. 그런 다음 상처를 핥으면서 피를 마신다. 영원함이 지속되듯 지속되어야 할 그 시간 동안, 어린아이는 운다. 소금처럼 씁쓸한 그 아이의 눈물 말고는, 내가 금방 말한 것처럼 뽑아낸, 아직 꽤 뜨거운 그의 피처럼 맛있는 것은 없다. 어쩌다 너의 손가락을 베었을 때, 너의 피의 맛 본 일이 없는가? 그 맛은 참으로 좋다, 그렇지 않은가. 왜냐하면, 그것은 아무런 맛도 없기 때문이다. …(중략)… 아직 악을 모르는 어린아이는 배반하지 않는다. 가장 많이 사랑하는 여인은 조만간 배반하는 것이다. 우정이나 사랑 같은 걸 내가 모른다 할지라도, 유추에 의해 나는 그 배반을 점칠 수 있다(인간 족속에 관한 한, 나는 우정과 사랑을 결코 받아들이지 않을지도 모른다).

-로트레아몽, 『말도로르의 노래』 중에서

#2

동영상이 있다. 유튜브 같은 데 올라와 이리저리 떠도는, 유머랍시고 보여주는 짧은 동영상이다. 거리에서, 어머니와 함께 갓 걸음마를 시작한 듯한 아기가 새하얀 비둘기들과 놀고 있다. 아마도 어머니가 비둘기용 과자를 나눠주고 있는 듯하다. 언뜻 평화로운 오후의 한때 같다. 그렇게 보이지 않을 도리가 없다. 귀여운 어린아이와 하얀 비둘기들이라니! 한두 마리가 날아들더니 개떼처럼 몰려든다. 어머니의 팔이며, 아이 주변을 온통 하얀 비둘기들이 둘러싸고 모이를 먹기 위해 혈안이다. 개중 한 마리가 아이 앞으로 날아들었다. 먹음직한 모이를 보았으리라. 순간, 참으로 눈 깜짝할 순간, 비둘기의 머리를 두 살 아기가 낚아챈다. 머리를 비틀며 비둘기의 부리에서 모이를 가로채 아기는 자신의 입으로 가져간다.

#3

이제 악의(惡意)에 대해서 생각해보고자 한다. 인간의 악의는 과연 존재하는 것인가. 존재한다면 그 악의의 바탕에는 무엇이 자리하고 있는가. 인간이 사회적 동물이라는 명제를 전제한다면 악의는 소유나 물욕 등에 기반한 것일지 모른다. 좀 더 많은 것을 탐하는 욕심이 타인에게, 또는 다른 생물에게 해를 입히는 원인이리라. 하지만 욕심과 상관없이, 소유와 무관하게 해를 입히는 경우 그것은 무엇일까? 분명 우리는 그것을 목격한 바 있다. 아무 이유 없이 길 가던 사람을 죽이고, 웃으며 태연히 약자를 공격한다. 정신적 결함으로 치부하기에는 그 결말이 너무나 참혹하다. 그들의 악의는 어디에서 연유한 것일까? 사회적 동물로서의 인간이기를 거부하는 그들의 악의를 약한 자, 약한 것에 대한 괴롭힘이라고 우회적으로 표현할 수 있다면, 학교에서 자신들과 다르다는 이유만으로, 마음에 들지 않는다는 이유만으로 따돌림을 하고, 더 커서는 회사에서 끼리끼리 패를 만들어 종국에는 패거리 밖으로 몰아내는 그 행위를 우리는 대체 어떻게 이해해야 할까?

정리해보자. 앞서 말한 두세 장면을 통해 남을, 다른 생물을 괴롭히는 자는 크게 세 부류로 나뉜다. 이기적인 물욕, 소유욕을 성취하기 위해 타인을 공격하는 자, 그리고 패거리의 존속을 위해 떼 지어 괴롭히는 자, 마지막으로 아무런 이유도, 맛도 없는, 배반하지 않는 어린아이의 피를 마시고, 눈앞의 생존을 위해 거침없이 비둘기의 목을 비트는 두 살배기의 순수 악.

사실 이 책은 무섭다. 아니, 위험하다고 표현해도 좋겠다. 이 책의 저자 나카노 노부코는 인간의 뇌를 연구하는 과학자이지만 인간의 악의 밑에 도사리고 있는 본질을 파악하고 있는 듯하다. 거칠게 정리한 위 세 부류조차 저자는 완벽히 이해하고 있는 듯하다는 말이다. 쾌락. 한 마디로 정의 내리면 생물학적으로 인간은 다른 것을 괴롭힘으로써 쾌감을 느낀다고 한다. 그것이 교훈적인, 이를테면 집단을 지키기 위한 사회적 행동이었거나 단순히 개인의 욕망을 충족하기 위한 말초적인 것이라 해도 그 쾌감은 일견 타당해 보인다. 아주 위험하다.

돌아가서, 그렇다면 악의의 현신으로서 집단 괴롭힘의 정체를 이해할 수도 있을 것 같다. 이성조차 쾌락을 통제하기 힘들다는 뇌 과학의 논리를 빌려온다면 말이다. 다만 한 가지 논란거리는 남는다. 19세기 악마주의 시인으로 유명했던 로트레아몽의 순수 악에 대한 집착 (이것은 어쩌면 악에서 아름다움을 발견하고자 했던 보들레

르와도 일맥상통한다)과 비둘기를 공격한 두 살배기의 반사적 본능 그 근저에 쾌락이 있다고 말하기는 힘들다는 점 때문이다.

그럼에도 많은 사람들은 교육으로 교화하지 못할 대상은 없다고 말한다. 교육에 대한 맹신이다. 남을 괴롭히며 쾌락을 느끼는 자들의 그 순수한 악의에는 대적할 수단이 없다. 어쩌면 '미움받을 용기'만이 유일한 방법일지 모른다. 괴롭힘이나 따돌림에 휘둘리지 않고 나만의 길을 가는 것, 그 내적인 힘만이 현대 사회의 차별과 혐오, 집단 괴롭힘을 이겨낼 출발점이 될지도 모르겠다.

2018년 7월

김해용

참고 문헌

• 루안 브리젠딘, 황혜숙 옮김, 『남자의 뇌, 남자의 발견 : 무엇이 남자의 심리와 행동을 지배하는가』, 리더스북, 2010

• 모리타 요지(森田洋司), 『집단 괴롭힘이란 무엇인가 : 교실의 문제, 사회의 문제』(いじめとは何か 教室の問題、社会の問題), 주 오코론신샤(中央公論新社), 2010

• 세키네 신이치(関根眞一), 『일본 고충 백서 기초 편·이영역 비 교편』(日本苦情白書 基礎編·異領域比較編), 메듀케이션(メデュ ケーション), 2009

• Sherif, Muzafer. The Robbers Cave Experiment : Intergroup Conflict and Cooperation. [Org. pub. as Intergroup Conflict and Group Relations.]. Wesleyan University Press, 2010

• Chikara, Mina, etal. "Reduced self-referential neural response during intergroup competition predicts competitor harm" Neuro Image 96(2014) : 36-43

• Elliott, Jane, A Collar In My Pocket : Blue Eyes/Brown Eyes Exercise. Lexington, KY : Create Space Independent Publishing Platform, 2016

- Jones, Ron "The third wave." Experiencing social psychology (1972) : 203-211
- Hitokoto, Hidefumi and Sawada, Masato "Envy and School Bullying in the Japanese Cultural Context." in Envy at Work and in Organizations. Oxford University Press, 2016

지은이 **나카노 노부코** 中野信子

뇌 과학자, 의학박사, 인지과학자.

1975년 도쿄에서 태어났다. 도쿄대 공학부 응용화학과를 졸업하고, 동대학원 의학계 연구과 뇌신경의학 박사 과정을 수료했다. 그 후 프랑스 국립 연구소에서 뉴로스핀(NeuroSpin) 박사 연구원으로 근무한 다음 귀국했다. 뇌와 심리학을 주제로 연구와 집필 활동을 활발하게 하고 있으며 과학의 관점으로 인간 사회에서 벌어지는 현상과 인물을 해독하는 솜씨로 정평이 나 있다. 현재는 히가시니혼 국제대학 특임 교수로 강단에 서고 있다.

옮긴이 **김해용**

경희대학교 국어국문학과 맨 뒷자리에서 남들을 따돌린 채 수업받다가 졸업, 만화잡지 기자와 출판 편집자로 패를 이루기도 했다. 하지만 근원적으로 집단 혹은 조직의 생리와 맞지 않다고 생각하여 나만의 세계, 번역의 길로 전업한 후 『AX』, 『버라이어티』, 『나오미와 가나코』, 『브레이브 스토리』, 『퍼펙트 블루』 등의 일본 소설과 『나는 왜 혼자가 편할까?』, 『좋아하는 것을 돈으로 바꾸는 법』 등의 자기 계발서를 번역했다. 이밖에도 혼자 놀기 좋아하는 성향 탓에 많은 만화와 라이트 노벨을 번역하는 데도 손을 댄 바 있다.

우리는 차별하기 위해 태어났다

1판 1쇄 발행 | 2018년 9월 14일
1판 2쇄 발행 | 2019년 1월 20일

지은이 | 나카노 노부코
옮긴이 | 김해용
발행인 | 김태웅
편집장 | 강석기
기획편집 | 박지호, 이주영
디자인 | 어나더페이퍼
마케팅 총괄 | 나재승
마케팅 | 서재욱, 김귀찬, 오승수, 조경현, 양수아, 김성준
온라인 마케팅 | 김철영, 양윤모
인터넷 관리 | 김상규
제 작 | 현대순
총 무 | 김진영, 안서현, 최여진, 강아담
관 리 | 김훈희, 이국희, 김승훈

발행처 | ㈜동양북스
등 록 | 제2014-000055호
주 소 | 서울시 마포구 동교로 22길 12 (04030)
전 화 | (02)337-1737
팩 스 | (02)334-6624

www.dongyangbooks.com
blog.naver.com/dymg98

ISBN 979-11-5768-421-2 03330

이 도서의 국립중앙도서관 출판예정도서목록(CIP)은 서지정보유통지원시스템 홈페이지(http://seoji.nl.go.kr)와 국가자료공동목록시스템(http://www.nl.go.kr/kolisnet)에서 이용하실 수 있습니다.(CIP제어번호 : CIP2018023913)